Die Kunst, die Macht und das Geld

EDITION PANDORA

Herausgegeben von
Gennaro Ghirardelli

Band 23

Robin Lenman

Die Kunst, die Macht und das Geld

Zur Kulturgeschichte des kaiserlichen Deutschland 1871–1918

Aus dem Englischen von
Reiner Grundmann

Mit einem Vorwort von
Marie-Louise von Plessen

Campus Verlag · Frankfurt/New York
Editions de la Fondation Maison des Sciences
de l'Homme · Paris

Die einzelnen Kapitel sind zuerst in englischer Sprache in verschiedenen Zeitschriften veröffentlicht worden (siehe auch die Danksagung auf Seite 153); für die deutsche Ausgabe wurden sie grundlegend überarbeitet.

Dieses Buch erscheint im Rahmen eines 1985 getroffenen Abkommens zwischen der Wissenschaftsstiftung Maison des Sciences de l'Homme und dem Campus Verlag. Das Abkommen beinhaltet die Übersetzung und gemeinsame Publikation deutscher und französischer geistes- und sozialwissenschaftlicher Werke, die in enger Zusammenarbeit mit Forschungseinrichtungen beider Länder ausgewählt werden.

Cet ouvrage est publié dans le cadre d'un accord passé en 1985 entre la Fondation de la Maison des Sciences de l'Homme et le Campus Verlag. Cet accord comprend la traduction et la publication en commun d'ouvrages allemands et français dans le domaine des sciences sociales et humaines. Ils seront choisis en collaboration avec des institutions de recherche des deux pays.

Die Deutsche Bibliothek – CIP-Einheitsaufnahme

Lenman, Robin:
Die Kunst, die Macht und das Geld : zur Kulturgeschichte des kaiserlichen Deutschland 1871 – 1918 / Robin Lenman. Aus dem Engl. von Reiner Grundmann. Mit einem Vorw. von Marie-Louise von Plessen. – Frankfurt/Main : Campus Verlag ; Paris : Ed. de la Fondation Maison des Sciences de l'Homme, 1994
(Edition Pandora ; Bd. 23)
ISBN 3-593-35036-X (Campus Verlag)
ISBN 2-7351-0561-X (Ed. de la Fondation Maison des Sciences de l'Homme)
NE: GT

Umschlaggestaltung: Atelier Warminski, Büdingen
Satz: Textline GmbH, Oberursel
Druck und Bindung: Druckhaus Beltz, Hemsbach
Gedruckt auf säurefreiem und chlorfrei gebleichtem Papier.
Printed in Germany

Inhalt

Vorwort

Von Marie-Louise von Plessen

Robin Lenman führt in die Kulturpolitik einer Zeit ein, die gerade aufgrund ihrer politischen und gesellschaftlichen Widersprüche die Durchsetzung der Moderne förderte. Mit seinen Ausführungen zum Einfluß von Markt, Reproduktionstechniken und Mäzenatentum auf die Aktivitäten der Kunstschaffenden vertieft er die Einsichten in die Vielschichtigkeit einer Epoche, deren radikaler Wertewandel die Voraussetzungen für bahnbrechende Leistungen und Neuerungen in den Bildenden Künsten schuf.

Lenman liefert vielfältige Beispiele dafür, daß das Deutsche Reich, von Bismarck begründet und am 18. Januar 1871 mit der Kaiserproklamation im Spiegelsaal von Versailles Wirklichkeit geworden, nach innen nicht befriedet war. Zwar schuf seine äußere Gestalt die Voraussetzungen für innere Prosperität, doch zeigt sich gerade an der Kulturgeschichte, wie brüchig diese Fassung war. Denn, wie Lenman zu Recht betont, das Bismarckreich war kein autoritärer zentralisierter und schon gar kein totalitärer Staat. Gerade seine kontroversen Strukturen boten vielfältige Modernisierungsvoraussetzungen. Das allgemeine Regulativ des Marktes mit Angebot und Nachfrage war für Expressionisten und Naturalisten wichtiger als die Gefahr polizeilicher Verfolgung.

Den englischen Kulturwissenschaftler, der vor allem über die Münchner Kulturszene im ausgehenden 19. Jahrhundert gearbeitet hat, interessieren vornehmlich die sozio-politischen Zwecke und Funktionen der Kunst in einer sich rapide verändernden Gesellschaft. Dazu bereitet er neues Daten- und Archivmaterial zum

Kunstmarkt mit seinen widersprüchlichen Entwicklungen in der Zeit des deutschen Kaiserreiches auf: Maler, Künstler und Schriftsteller beeinflussen durch ihre Werke die politische Rezeption und die Teilnahme am öffentlichen Leben; der Mittelstand befürwortet die Reden der Sozialdemokraten für intellektuelle Freiheit. Bilder werden im Deutschen Reich, das sich rapide verstädtert, für die Ausbildung von Massenbewußtsein besonders maßgeblich. Der Aufstieg der Sozialdemokratie und vieler unangepaßter Minderheiten verändert die politische Szene, während der konservative Staat darum bemüht ist, Familie und Staat vor Lastern aller Art zu schützen. Dieser Maßgabe trug bis 1918 die für öffentliche Bühnenaufführungen maßgebliche Zensur durch »Unbrauchbarmachung« Rechnung. Nach 1870 wurden viele Steuern zur kulturellen Integration der Bundesländer verwendet, die sich vor allem in Akademiegründungen niederschlugen. Darüber hinaus wurden mit großem Aufwand Ausstellungen durchgeführt, aus deren Spektrum die Ausstellungen im Münchner Glaspalast in der Zeit von 1850 bis 1880 herausragten. Seit 1886 fanden Jahresausstellungen in der Berliner Akademie statt, die über eine Million Besucher anzogen. Lenman zeigt, wie zeitgleich mit der Konstitution des öffentlichen, staatlich geförderten Ausstellungsbetriebes sich die Künstler auch in Selbstvertretungen zu organisieren begannen.

Seit den achtziger Jahren des 19. Jahrhunderts hatte die Reichshauptstadt Berlin München als deutsche Künstlerhauptstadt abgelöst. Viele Landesherren investierten in Kunst, so Wilhelm II. in Berlin und Prinz Rupprecht in Bayern/München. Eine herausragende Rolle als Mäzen spielte auch Großherzog Ernst-Ludwig (reg. 1892 bis 1918), der Schöpfer der Mathildenhöhe in Hessen-Darmstadt. Im Kapitel »Malerei, Mäzenatentum und Kunstmarkt« gibt der Autor einen Überblick über die historische Entwicklung der seit 1815 gegründeten Kunstvereine.

Der Zutritt zu öffentlichen Kunstsammlungen förderte staatstragendes Bewußtsein: 1856 war die »Allgemeine Deutsche Kunstgenossenschaft« gegründet worden, 1876 vollendete Johann Heinrich Strack die klassischen Bauten auf der Museumsinsel in Berlin mit der Inschrift »Der deutschen Kunst«. Unter Ludwig II. und dem Prinzregenten Luitpold wurde die bayerische Separationspolitik jedoch auch in den Künsten bis zur Verweigerung der Kooperation bei Ausstellungsvorhaben in Berlin fortgesetzt. Staatsankäufe waren in Sachsen seit 1874, in Bayern seit 1880 üblich. Aus den französischen Reparationszahlungen nach dem Krieg von 1870-71 wurden 450000 Mark für Kunstankäufe eingestellt. 1880 optierte der Reichstag für 440000 Mark, zwischen 1886 und 1890 steigerte sich das Jahresbudget um 100000 Mark; davon waren 1/10 für den Ankauf moderner Kunst vorgesehen. In Bayern wurde das Kunstbudget gar zum Kampfobjekt zwischen liberaler Verwaltung und katholischer Parteiführung des Zentrums. Der Kulturkampf wendete diesen Zwist zum besseren.

Gegen konservative Ankaufskommissionen konnten sich auch die neuen Museumsdirektoren im Bereich der zeitgenössischen Kunst durchsetzen. Max Jordan, der die Direktion der Berliner Nationalgalerie 1874 übernahm, erwarb trotz Verbot der 1862 gegründeten Landeskunstkommission eine Reihe bemerkenswerter Bilder; Karl Woermann, seit 1882 Direktor der Dresdner Königlichen Galerie, trotz Mehrheit der Konservativen in der Kommission 1904 Gustave Courbets *Steinklopfer.* Von konservativen Kräften unbehelligt war das richtungweisende Wirken Alfred Lichtwarks, seit 1886 Direktor der Kunsthalle in Hamburg, der Böcklin, Feuerbach, Marées, Menzel, Leibl und andere wichtige Realisten kaufte. Bei Erwerbungen von Gemälden Max Liebermanns profitierte er vom Zwist zwischen dem innovationsfreudigen neuen Direktor der Nationalgalerie in Berlin seit 1896, Hugo von Tschudi, und den dirigistischen Interventionen Kaiser Wilhelms II. Als der Konflikt sich verschärfte, ging der Museumsmann 1909 an die Alte Pinakothek nach München. Sein Nachfolger Ludwig Justi schaffte in Berlin die konservative Landeskunstkommission ab. Der Prototyp des langfristig planenden Staatsgaleriedirektors war Wilhelm von Bode, der in den frühen achtziger Jahren ungefähr 50000 Mark an privaten Spenden für Kunstkäufe aufbrachte und 1896 einen Freundes- und Unterstützungsverein für das Berliner Kaiser-Friedrich-Museum begründete. Die städtische Galerie Elberfeld unter Vorsitz des Industriellen August von der Heydt war das erste Museum in Deutschland, das einen Picasso erwarb, während Alfred Lichtwark in Hamburg mit Unterstützung hanseatischer Industrieller Portraits der Berliner Sezessionisten und vom Pariser Kunsthändler Ambroise Vollard 1913 Pierre Bonnards Serie Hamburger Ansichten ankaufte.

Die Vermittlerrolle der Händler und Mäzene in ihrer kunstgeschichtlich wichtigen Mission zeigt Lenman am Beispiel der Münchner Galerien Heinemann und Bernheimer, die mit Fritz Gurlitt (Böcklin), Bruno und Paul Cassirer (Impressionismus und Sezessionismus) und um 1900 mit Herwarth Walden und Alfred Flechtheim (Internationale Avantgarde vor 1914) eine neue Galeristenelite bildeten. Lenman belegt mit konkreten Zahlen die Erweiterung des Kunsthandels: Heinemann baute ein Netzwerk bis in die USA, den Nahen Osten und China auf; nach 1900 handelte er in München mit Industriekapitänen wie Krupp, der viele Portraits für die Villa Hügel erwarb, Thyssen, Ballin, Rothschild, der Werke des Blauen Reiter und der Barbizon-Schule erwarb. Die Münchner Galerie E. A. Fleischmann verkaufte nach 25jähriger Tätigkeit mit der Münchner Schule, Rosa Bonheur, Munkascy und Meissonier das 10 000. Bild.

Vor 1870 gab es in Deutschland nur wenige Sammler für zeitgenössische Kunst. Zu diesen Vorkämpfern zählte in München in den sechziger und siebziger Jahren Graf Adolph von Schack als Patron von Feuerbach, Marées und Böcklin; in Berlin wetteiferten seit der Gründerzeit Kunstsammler mit schlesischen Minenbesitzern, in Hamburg war die herausragende Sammlerpersönlichkeit, auf die Lenman leider kaum eingeht, Aby Warburg. Um 1900 war auch die Produktgestaltung und -werbung für alle großen Firmen wichtig geworden. Die AEG und die Norddeutsche Lloyd engagierten Grafiker wie Riemerschmid, Paul und Olbrich. Die Hannoveraner Firma Bahlsen beschäftigte seit 1910 Künstler und Gestalter wie Behrens und Hohlwein in enger Verbindung mit dem Werkbund. Die von Bahlsen herausgegebenen »Leibnitz-Blätter« verlangten sogar, daß die Industrie die traditionelle Patronatsrolle von Kirche und Staat für die Kunst übernehmen solle.

Der deutsche Kunstmarkt etablierte sich besonders in München mit internationalen Verbindungen, zumal seit 1860 Eisenbahnverbindungen von Nord- und Mitteleuropa nach Italien und von Paris zum Balkan reichten, neue Dialoge in Mitteleuropa ermöglichten und Deutschland zu einem weltoffenen Standort für Künstler wie den Norweger Edvard Munch machten. Lenman leitet davon die These ab, daß der zunehmende Tourismus zu den Staaten der bildenden Künste im Verein mit Künstlerbeiträgen zur Souvenirindustrie den Kunstkonsum des Mittelstandes erheblich gefördert habe. Neben Briten kauften zwischen 1889 und 1894 vor allem Amerikaner auf dem Kunstmarkt in Düsseldorf und München. Wichtigstes Ausstellungshaus der Residenzstadt zwischen 1889 und 1894 war der Münchner Glaspalast. Dort erreichten die amerikanischen Ankäufe die Hälfte aller Gesamtausgaben der ausländischen Erwerbungen, doch wandten sich die Amerikaner bald auch dem französischen Markt zu. Beispiel einer kulturellen Weltpolitikinitiative war ein deutscher Kunstaustausch, der 1909 nach New York, Boston und Chicago geschickt wurde. Zu den amerikanischen Erwerbungen, die bis 1914 andauerten und von deutschen Kunstkennern wie Lichtwark und Anton von Werner bedauert wurden, liefert Lenman konkretes Zahlenmaterial.

Franzosenhaß und nationalpathetisch getragene Deutschlandliebe, wie sie die altgoldenen Rembrandttöne der Salonmalerei in altdeutscher Tradition vermittelten, beherrschte die kulturelle Meinungsbildung. Die latente Franzosenfeindlichkeit kulminierte 1911 im *Protest deutscher Künstler,* der wiederum Walden und Kandinsky zu einem Anti-Werner-Pamphlet provozierte. Unbeeinträchtigt davon beherrschte jedoch das Interesse der Händler und Käufer in Deutschland und anderswo den Markt. Im ganzen konnten sich die Galeriedirektoren bis 1914 gegen den konservativen Druck der Deutschnationalen durchsetzen und sogar französische Impressionisten und Freiluftmaler erwerben.

Zu den Sammlern des Blauen Reiters zählten in Berlin Bernhard Koehler, in Elberfeld der Fabrikant August von der Heydt, in Hagen Karl Ernst Osthaus, in Köln der Fabrikant Joseph Feinhals. Als herausragende Förderer bewährten sich Bahlsen in Hannover, der Pelikan-Hersteller Fritz Beindorff und der Kaffeefabrikant Markus Kruss. Auf dieser soliden Sammlerbasis hatte die führende Avantgarde wenig Überlebensprobleme. Alfred Flechtheims 1913 in Düsseldorf gegründete Galerie wurde Deutschlands Schaufenster für die Pariser und die deutsche Avantgarde. 1912 schloß sich der Blaue Reiter mit der Gruppe des Sturms zusammen, die unter dem Vorsitz von Herwarth Walden den Kunstmarkt bis Siam und Amerika erweiterten. 1914, das bezeugt die Ausweitung des Kunstinteresses durch die Aktivitäten der Händler und Mäzene, waren die Bildenden Künste in Deutschland ungleich einflußreicher als 1871. Lenman gibt an, daß die Dresdner Königliche Galerie 1879 165 653, dagegen 1903 weit über 300 000 Menschen besuchten. Zum wachsenden Interesse hatte auch die steigende Zahl illustrierter Bücher und Zeitschriften beigetragen: allein zwischen 1882 und 1907 wuchs die photographische Industrie um mehr als das Zweieinhalbfache. Die Sezessionsgründungen in München 1892 und Berlin 1898, die dem Nationalismus und Akademismus den Kampf erklärten, machten die Photographie und das Kunstgewerbe salonfähig und förderten die graphischen Künste. Lenman weist darauf hin, daß Paul Klee 1914 bekannt wurde, ohne je ein einziges Ölbild ausgestellt zu haben. Ermutigt durch die Zeitschrift Pan und besonders verbunden mit dem Karlsruher Künstlerbund, förderte Lichtwark in Hamburg seit 1890 die Lichtdruckverbreitung. Zur gesellschaftspolitischen Auseinandersetzung trugen die Fortschritte in der reprographischen Industrie und die Flut der illustrierten Publikationen bei. Neue Technologien wie Celluloid, Guttapercha und Pressglas erweiterten den Markt der Reproduktionen. Vor allem die Photographie wurde im Vorfeld des Kinos schon vor 1900 zum herausragenden Bestandteil der bildenden Künste.

Seit 1900 versuchte auch die Kunsterziehungsbewegung, das Verhältnis zur Kunst und die Kenntnis von Kunst zu verbessern, und förderte daher die Nachfrage nach guten Lithographien für das bürgerliche Heim. Im privaten Bereich kam der Kunst in der Zeit der »Deutschen Renaissance«, dem von Georg Hirth propagierten altdeutschen Stil, die Funktion eines Statussymbols zu. Der Kult des Altdeutschen mit Dürer als Geschmackspatron der Zeit teilte dem deutschen Mittelstand als Träger des Fortschritts in bürgerlichen Kreisen eine wesentliche Rolle zu. Wie Lenman zu Recht betont, förderten ihre Initiativen den Heimkult als Teil des häuslichen Gesamtkunstwerks und »besten Horth unserer Tugenden« (Hirth), als Refugium aus dem kapitalistischen Existenzkampf. Diese Bewegungen, die in breiten bürgerlichen Kreisen ihren Niederschlag fanden, sieht Lenman in der prototypisch nationaldeutschen kaisertreuen Figur eines Diederich Heßling in Heinrich Manns *Der Untertan* verkörpert, eines Typus, dessen Einstellung die Unterstützung der Moderne behindert habe. Das Verhältnis zur Kunst und seinen Urhebern wurde zunehmend von der Parteipolitik beeinträchtigt, Skandale blieben nicht aus: Im Oktober 1892 wurde in Berlin die Munch-Ausstellung geschlossen. Die »Allgemeine Konferenz der deutschen Sittlichkeitsvereine« machte moderne Schriftsteller und Künstler, Atheisten, Sozialisten und Juden für die Probleme der modernen Gesellschaft verantwortlich.

Nach dem Reichspressegesetz von 1874 war die Unterdrükkung gedruckter Bilder nur unter außergewöhnlichen Umständen wie dem Anti-Sozialistengesetz oder kriegsähnlichen Zuständen möglich. Muster der Druckexemplare mußten bei Auslieferung an die Polizei gegeben werden. Als Strafbestände galten Majestätsbeleidigung, Blasphemie oder Obszönität. Doch die Presse emanzipierte sich zusehends von der Staatszensur, indem sie im Reichsverbund den Redaktionsort wechselte: Der Simplicissimus erschien nach seinem Verbot 1899 nicht mehr in Sachsen, sondern im eher liberalen württembergischen Stuttgart.

Deutsche Naturalisten stellten in den achtziger und neunziger Jahren in starkem Gegensatz zu den sentimentalen und patriotischen Leinwänden der zeitgenössischen Salonausstellungen das urbane und proletarische Leben schonungslos als Unterschied zwischen Kunst und sozialer Realität dar. Der literarische Naturalismus der Hauptmann- oder Zola-Schule fand seine bildnerische Entsprechung in den Darstellungen städtischer Industrierealität von Arthur Kampf, Hans Baluschek und Käthe Kollwitz. Außer in mythischer Überhöhung wie auf Makart-Gemälden war die Darstellung von Nacktheit und Eros verboten.

Im Kapitel »Maler in München: Eine Gemeinde im Wandel« entwickelt Lenman interessante Parallelthesen zu Peter Jelavichs 1985 erschienenem Buch *Munich and Theatrical Modermism. Politics, Playwriting, and Performance, 1890–1914*. Am 1. November 1886 lebten, offiziell registriert, 795 Maler und 148 Bildhauer in München, 1895 machte der Münchner Anteil bereits 13,3 % der in Deutschland ansässigen ausländischen Künstler aus. Amerikaner, Polen, Ungarn, Skandinavier, Griechen und Russen sorgten für die Internationalität der Münchner Kunstszene. Dank dem weltweiten Ruf der Münchner Akademie unter ihrem Präsidenten Karl Theodor von Piloty (gestorben 1886), der großen Kunstsammlung der Wittelsbacher und Graf Schacks Galeriesammlung zum 19. Jahrhundert, galt München, dessen Künstlerfeste zwischen 1870 und 1880 berühmt wurden, als die Kunstmetropole; das liebliche Oberbayern kam Ausländern wie ein »Europäisches Tahiti« vor. Im April 1892 wurde der Verein bildender Künstler als Münchner Sezession begründet.

Interessant sind auch Lenmans Ausführungen zum Anstieg der Kunstpreise: 1882 verkaufte Wilhelm Leibl sein Meisterwerk »Drei Frauen in der Kirche« an einen Privatsammler mit 43 000 Mark für eine der höchsten Summen, die einem deutschen Künstler zu dieser Zeit gezahlt wurden. Die Reproduktionen berühmter Kunstwerke erlebten bemerkenswerte Preissteigerungen, sie erweiterten den Markt und förderten damit auch die Bereitschaft, die Avantgarde anzunehmen. Zudem fielen gute Honorare für die Künstler ab, ebenso Gagen für Lehrkräfte der fast 60 in München ansässigen Akademien und Kunstschulen. Als Beispiel des zunehmenden bürgerlichen Repräsentationsbewußtseins, von dem die Künstler durch Verkaufssteigerung profitierten, führt Lenman Fakten aus Leben und Werk der Münchner Malerin Tini Rupprecht an. Dank dem Absatz seiner Werke, insbesondere der zahlreichen Bismarckbildnisse, konnte sich der Portraitkünstler Franz Lenbach einen geradezu fürstlichen Lebensstandard leisten.

Für die Mehrheit der 1500 deutschen Künstler bedeutete der Abbruch internationaler Beziehungen durch den Ersten Weltkrieg den Todesstoß. Zentrum des neuen Kunstbetriebes nach 1918 wurde Berlin; der Brand des Glaspalastes am 6. Juni 1931 setzte der Geschichte Münchens als Kunststadt ein symbolisches Ende.

I

Bild und Gesetz im kaiserlichen Deutschland

»Wie ist es mit der Kunst überhaupt in der Welt? Sie nimmt ihre Vorbilder, schöpft aus den großen Quellen der Mutter Natur, und diese, die Natur, trotz ihrer großen, scheinbar ungebundenen, grenzenlosen Freiheit, bewegt sich doch nach den ewigen Gesetzen, die der Schöpfer sich selbst gesetzt hat und die nie ohne Gefahr für die Entwicklung der Welt überschritten und durchbrochen werden können. Ebenso ist's in der Kunst, ... Eine Kunst, die sich über die von Mir bezeichneten Gesetze und Schranken hinwegsetzt, ist keine Kunst mehr, sie ist Fabrikarbeit, ist Gewerbe, und das darf die Kunst nie werden. Mit dem viel mißbrauchten Wort ›Freiheit‹ und unter seiner Flagge verfällt man gar oft in Grenzenlosigkeit, Schrankenlosigkeit, Selbstüberhebung ... Wenn nun die Kunst, wie es jetzt vielfach geschieht, weiter nichts tut, als das Elend noch scheußlicher hinzustellen, wie es schon ist, dann versündigt sie sich damit am deutschen Volke.«[1]

Diese Worte sprach Kaiser Wilhelm II. am 18. Dezember 1901 bei der Eröffnung der Berliner Siegesallee, einem Boulevard, gesäumt mit Skulpturen aus der Geschichte der Hohenzollern. Sie werden oft als Beweis für seinen repressiven Einfluß auf die künstlerische Entwicklung im wilhelminischen Deutschland zitiert, und dies ist verständlich: Wilhelm hatte seit seiner Kindheit einem bescheidenen künstlerischen Talent gefrönt und mischte sich als Erwachsener weit mehr in Kunstangelegenheiten ein, als

1 Zitiert bei E. Roters, »Kunst im Widerspruch«, in J. Boberg, T. Fichter, E. Gillen (Hg.), *Die Metropole. Industriekultur in Berlin im 20. Jahrhundert,* München 1986, S. 57.

es das pflichtbewußte Interesse gebot, das sein Großvater, der »Soldatenkaiser« Wilhelm I. zeigte. Teilweise ging dies auf den Einfluß seiner englischen Mutter Victoria zurück. Der Bildhauer Adolf von Hildebrand bemerkte dazu: »Die unglückselige Tatsache, daß die ganze englische Königsfamilie Kunstdilettanten sind, hat auch bei dem jungen Kaiser die Folge, daß er Alles besser weiß und den Ton angibt.«[2] Als preußischer König und deutscher Kaiser seit 1888 strebte Wilhelm danach, ein Mäzen im großen Maßstab zu sein, der nicht nur Projekte wie die Siegesallee (sein persönliches Geschenk an seine Hauptstadt) und andere Denkmäler, sondern auch größere Erwerbungen für die staatlichen Museen freigebig finanzierte. Er pflegte die Gesellschaft anerkannter Künstler, folgte zu Fuß Adolph von Menzels Sarg bei dessen Staatsbegräbnis 1905 und ließ dogmatische Äußerungen über Kunst verlautbaren, die regelmäßig von den Massenmedien verbreitet wurden. Seine eigenen Schiffszeichnungen wurden in der Nationalgalerie ausgestellt, und Bilder, die von ihm entworfen und von anderen ausgeführt wurden (wie beispielsweise die »Gelbe Gefahr«-Allegorie *Völker Europas wahret Eure heiligsten Güter*), fanden tausendfache Verbreitung.

Wilhelms praktischer Einfluß war sicherlich beträchtlich, vor allem auf dem Gebiet der Monumentalskulptur, wo seine emphatische Präferenz für den heroischen oder pathetischen Realismus von Leuten wie Reinhold Begas die Form für größere Auftragsarbeiten vorgab, so geschehen im Fall des Berliner Denkmals für Wilhelm I., »den Großen«, und bei vielen anderen Projekten in Berlin und in der Provinz. Seine Interventionen in andere Gebiete sind ebenfalls legendär, so seine Verweigerung der Goldmedaille für Käthe Kollwitz' *Weber*-Gravierungen im Jahr 1898; seine offene Feindschaft dem Plein-Airismus (»Bei mir in Berlin haben es die Freilichtmaler nicht gut, ich halte sie da unter dem Daumen«)[3] und der Sezession gegenüber; ganz zu schweigen von der Brüskierung anderer Künstler, die er nicht mochte, was unangenehme

2 *Adolf von Hildebrand und seine Welt: Briefe*, München 1962, S. 331.
3 Roters, »Kunst im Widerspruch«, S. 62.

Konsequenzen für deren Karriere hatte: So entging dem belgischen Gestalter Henry van de Velde auf der Düsseldorfer Industrieausstellung von 1902 eine große Auftragsarbeit für die Hamburg-Amerika-Linie aufgrund einer öffentlichen Zurückweisung.[4] Derartiges Verhalten, das von Wilhelms unerschütterlichem Glauben an die Richtigkeit seiner eigenen Ansichten aufrechterhalten und von kriecherischen Bewunderern bestärkt wurde («Und wie auch hier, behielt der Kaiser auch ein ander Mal dem Künstler gegenüber Recht»)[5], sorgte für große Bitterkeit. »Es ist nicht die Rede davon«, schrieb ein gut informierter, anonymer *Schwarzseher* im Jahr 1906, »daß etwa nur die stets gern revolutionierende Jugend, ... dem Monarchen gegenübertritt, – die Gesamtheit unserer Intellektuellen, auch die Reifen und Alten, auch die Ruhigen und Besonnenen, auch die überzeugten Feinde einer eruptiven, überstürzten, ›vulkanistischen‹ geistigen Entwicklung und die politisch rechts Stehenden, sehen mit wachsendem Unmut und mit tiefem Schmerz, daß die Ideale deutscher Bildung und Kultur vom Hofe her mehr Hemmung als Förderung erfahren.«[6] Dennoch waren Wilhelms Ansichten nicht besonders ungewöhnlich oder exzentrisch; auch beschränkten sie sich keinesfalls auf die Hofkamarilla. Im Gegenteil, wie wir noch sehen werden, wurden sie von einem großen Teil der Öffentlichkeit unterstützte, und sie deckten sich mit der fremdenfeindlichen und repressiven Haltung reaktionärer Kulturkritiker und militanter Sittlichkeitsvereine.

Dies war allerdings nur eine Seite des Bildes. Rückblickend wird klar, daß wichtige Einrichtungen zum Schutz der künstlerischen Freiheit existierten und sogar verstärkt wurden. Die deutsche Gesellschaft, in vieler Hinsicht autoritär und undemokratisch, war nicht totalitär; und wie zu zeigen sein wird, besaß sie eine robuste liberale Rechtskultur. Außerdem war diese Gesellschaft in keiner Weise einheitlich oder zentralisiert. Der polyzen-

4 H. van de Velde, *Geschichte meines Lebens*, München 1962, S. 237-40.

5 A. Brehmer u. M. Grube, »Der Kaiser und die Kunst«, in A. Brehmer (Hg.), *Am Hofe Kaiser Wilhelm II*, Berlin 1898, S. 341.

6 *Unser Kaiser und sein Volk! Deutsche Sorgen. Von einem Schwarzseher*, Freiburg i. Br. u. Leipzig 1906, S. 154.

trische Charakter der deutschen Kunst- und Verlagswelt wurde nach 1871 eher noch verstärkt, als die kleineren Staaten des Reichs, allen voran Bayern, hartnäckig an ihren eigenen kulturellen Identitäten festhielten. Diejenigen, die die Atmosphäre des wilhelminischen Berlin repressiv fanden (wie Hildebrand oder van de Velde) oder die sich mit dem Kaiser zerstritten (wie der Direktor der Nationalgalerie, Hugo von Tschudi), konnten ihre Karriere in anderen Hauptstädten fortsetzen: in München, Weimar, Darmstadt oder Dresden. Die Berliner Sezession überlebte trotz Wilhelms Mißbilligung, und obwohl ihren Protagonisten die Pforten der Nationalgalierie verschlossen blieben, kauften Alfred Lichtwark von der Hamburger Kunsthalle und die Direktoren anderer Museen begeistert ihre Werke, ganz zu schweigen von den vermögenden Privatsammlern in Berlin und anderswo. Im Süden und Südwesten Deutschlands sorgten liberalere Traditionen und stärkerer rechtlicher Schutz dafür, daß die antiwilhelminischen Künstler und Satiriker nicht völlig unterdrückt werden konnten. Dafür sorgten auch die Modernität Deutschlands im Jahr 1914, die Größe und Komplexität des Kunstmarkts und die Geschwindigkeit, mit der gedruckte und andere Bilder verbreitet werden konnten.

Das Problem, die Verbreitung von Bildern, die gegen Ende des 19. Jahrhunderts im kaiserlichen Deutschland zirkulierten, zu kontrollieren, ergab sich schon aus deren bloßer Quantität und Reichweite. Von Künstlern geschaffene Bilder wie Gemälde oder hochwertige Illustrationen waren nur ein Teil des riesigen Unternehmens der Bildproduktion im 19. Jahrhundert. Zu diesem gehörten die einfachen Kalender und Drucke, die in Mitteleuropa seit Anbruch der Gutenberg-Ära verkauft wurden, eine riesige Anzahl von kommerziellen Lithographien und andere Produkte aus Deutschlands technisch fortgeschrittener reprographischer Industrie, die in zunehmendem Maß den internationalen Markt für farbige Reproduktionen, Bildpostkarten und graphische Erzeugnisse aller Art beherrschte. Das 19. Jahrhundert bescherte Deutschland auch eine Verbreitung illustrierter Verlagspublikationen. Neben vielen anderen produzierten Unternehmer wie Georg Wigand und

J. J. Weber in Leipzig eine gewaltige Menge an Büchern und Zeitschriften, die Arbeiten von so hervorragenden Künstlern wie Peter Cornelius, Ludwig Richter, Adolph von Menzel und Wilhelm Busch enthielten.[7] Eine neue Farbdrucktechnik, lebhafte Nachfrage und ein Überschuß an jungen Talenten lösten in der Wilhelminischen Ära einen neuen Boom aus. Auf dem Gebiet des illustrierten Journalismus bot Webers *Leipziger Illustrierte Zeitung*, eine bahnbrechende Wochenzeitung, die 1843 auf den Markt kam, aktuelle Holzschnitte von Ereignissen, die von Künstlerfesten bis zu den Schlachten in Bismarcks Kriegen reichten.[8] Ernst Keils billigere und populärere *Gartenlaube*, die ein Jahrzehnt später gegründet wurde, erreichte Verkaufszahlen von mehr als 400 000 in den frühen siebziger Jahren des 19. Jahrhunderts und immer noch gut 100 000 in den späten Neunzigern.[9] Andere Zeitschriften mit hohen Auflagen hießen *Das Buch für Alle*, *Daheim*, *Über Land und Meer* sowie die moderne und aggressiv vermarktete *Berliner Illustrierte Zeitung*. 1897 hatten all diese Blätter zusammen eine verkaufte Auflage von etwa 700 000, erreichten jedoch über Clubs, Büchereien, Friseursalons und Cafés noch weit mehr Leser.[10]

Mit Ausnahme der Zeit während des revolutionären Aufruhrs 1848-49 gab es in Deutschland vor der Einigung wenig Entfaltungsmöglichkeiten für eine schlagkräftige illustrierte Satire: Dies lag teilweise an der Macht des Obrigkeitsstaats, und teilweise hatte es diffuse kulturelle Gründe, denn sogar unter dem liberalen Reichspressegesetz von 1874 entwickelte sich ernsthafte politische Satire nur langsam. Die Münchner *Fliegenden Blätter*, 1843 gegründet und im 20. Jahrhundert immer noch lebendig, schuldeten ihre große Popularität – glaubt man einem nostalgischen Arti-

7 Siehe R. Timm (Hg.), *Die Kunst der Illustration. Deutsche Buchillustration des 19. Jahrhunderts*, Wolfenbüttel 1986.

8 K. Wilke, »Die ›Leipziger Illustrierte Zeitung‹ und ihre Geschichte«, *Zeitschrift für Bücherfreunde*, V (1901-02), S. 188-96, 228-36.

9 H. Gebhardt, »Illustrierte Zeitschriften in Deutschland am Ende des 19. Jahrhunderts«, *Börsenblatt für den Deutschen Buchhandel*, 1983, S. 43.

10 Ibid., S. 50.

kel von 1920[11] – weitgehend ihrem »feinen Takt« und »vornehmer Zurückhaltung«, indem sie die Themen Sex, Religion und Politik vermieden. Obwohl die *Fliegenden Blätter* mit ihren schwarz-weißen Holzschnitten das Kaiserreich überlebten, hatten ihnen schon lange vorher zwei technisch und satirisch kühne Publikationen den Wind aus den Segeln genommen: Georg Hirths *Jugend* und Albert Langens *Simplicissimus*, beides Wochenzeitschriften, die 1896 im Abstand von wenigen Monaten gegründet wurden.[12] Hirth war ein herausragender liberaler Publizist und kultureller Entrepreneur, dessen Kirchenfeindlichkeit und Engagement für progressive Angelegenheiten ihm bittere Feindschaft eintrug.[13] Noch 1876 unterstützte er eine epochemachende Ausstellung historistischen Kunsthandwerks in München, die mit Hilfe des einflußreichen Buchs *Das deutsche Zimmer*[14] mit dazu beitrug, daß die deutsche Renaissance zu *dem* nationalen Einrichtungsstil der späten Gründerzeit wurde. Danach drängte er auf eine Reform der Münchner Salons und unterstützte leidenschaftlich die Sezession von 1892. Die *Jugend*, für die viele Sezessionisten als Illustratoren arbeiteten, lehnte die optische Aufmachung der älteren Zeitschriften ab, und ihr respektloser und stichelnder Humor zeigte ein neues, sinnenfrohes und hedonistisches Ethos. Der von Paris beeinflußte *Simplicissimus*, der ähnliche graphische Techniken verwendete und sich an die gleiche gebildete, wohlhabende, städtische Öffentlichkeit wandte, stand eine Zeitlang in Konkurrenz mit ihr, konzentrierte sich aber dann mehr auf die politische und soziale Satire, während die *Jugend* in ihrer Ausrichtung hauptsächlich lite-

11 A. Dreyer, »Die ›Fliegenden‹. Zu ihrem 75-jährigen Bestehen«, *Das Bayerland,* XXXI (1920), S. 175.

12 Siehe G. Herrmann, »Die ›Jugend‹ und ihr Künstlerkreis«, *Zeitschrift für Bücherfreunde,* IV (1900), S. 57-70; E. Koch, *Albert Langen. Ein Verleger in München,* München 1969; R. Christ (Hg.), *Simplicissimus 1896-1914,* Berlin (O.) 1972; A. T. Allen, *Satire and Society in Wilhelmine Germany: Kladderadatsch and Simplicissimus,* Kentucky UP 1984.

13 Siehe C. Segieth, »Zwischen Historismus, ›Secession‹ und ›Jugend‹. Georg Hirth, ein Kunstagitator der Jahrhundertwende«, in F. Prinz u. M. Krauß (Hg.), *München – Musenstadt mit Hinterhöfen. Die Prinzregentenzeit 1886 bis 1912,* München 1988, S. 253-6.

14 München 1882.

rarisch-künstlerisch blieb. Anfänglich hatten beide Zeitschriften ernste finanzielle Probleme, die durch Konflikte mit den Behörden noch verschärft wurden. Doch nach 1900 florierten beide, und im Jahrzehnt darauf hatte sich der *Simplicissimus*, zu dessen regelmäßigen Mitarbeitern die hervorragenden Karikaturisten Thomas Theodor Heine, Bruno Paul und Olaf Gulbransson zählten, Paul Klees Bezeichnung als »die erste Zeitschrift auf dem Erdboden«[15] wahrscheinlich zu Recht verdient.

Photographien waren vor der Jahrhundertwende in der illustrierten Presse zwar nicht dominant, aber schon in den Jahrzehnten davor ein wichtiger Teil der visuellen Kultur gewesen.[16] 1860 gab es 94 kommerzielle Studios allein in Berlin, in fast jeder Stadt gab es eines, und Wanderphotographen durchkämmten das Land nach Kunden. In den neunziger Jahren des 19. Jahrhunderts existierte in Deutschland neben einer Armee von Berufsphotographen eine starke Amateurbewegung, und als die Photographien »künstlerischer« wurden (d. h. Gemälden ähnlicher), stiegen ihr Status und ihr Wert: zur Jahrhundertwende wurden 200 bis 300 Mark für einen Abzug gezahlt.[17] Besonders Hamburg, wo Oskar und Theodor Hofmeister zu den namhaften ansässigen Photographen zählten, wurde zu einem wichtigen Zentrum, und Lichtwark unterstützte nachdrücklich die Amateurphotographie in der Kunsthalle als positiven Einfluß auf den Zeitgeschmack. Die massenhafte Verbreitung des Halbtonverfahrens schuf den Photojournalismus, und im Jahr 1900 eröffnete Deutschlands erste staatlich geförderte Photographenschule in München.[18] In der Zwischenzeit hatte die Popularität der stereoskopischen Photobetrachtung seit etwa 1850 zur Gründung von Einrichtungen wie dem Berliner Kaiserpanorama (1883-1939) geführt, in dem Bildsequenzen ge-

---

15 Felix Klee (Hg.), *Paul Klee: Briefe an die Familie 1893-1940*, Köln 1976, I, S. 44.

16 Siehe U. Peters, *Stilgeschichte der Photographie in Deutschland 1839-1900*, Köln 1979; E. Kaufhold, *Bilder des Übergangs. Zur Mediengeschichte von Fotografie und Malerei in Deutschland um 1900*, Marburg 1986.

17 Kaufhold, *Bilder des Übergangs*, S. 40.

18 H. Gebhardt, *Königlich Bayrische Photographie, 1838-1918*, München 1978, S. 280, 282.

zeigt wurden, die sich in einem großen Zylinder drehten.[19] Gegen Ende des 19. Jahrhunderts wurde die Diaprojektion zur Unterhaltung, Erziehung und Propaganda eingesetzt. (Die Projektion von auf Glas gemalten Bildern war schon lange vor 1800 möglich; während des 19. Jahrhunderts kamen immer ausgefeiltere Techniken in Gebrauch).[20] Projizierte bewegte Bilder hatten ihr deutsches Debut 1895 in Berlin dank dem Pionier Max Skladanowsky, dem Sohn eines fahrenden Schaustellers von projizierten »Fantasmagorien«. Deutschland war vor dem ersten Weltkrieg kein wichtiges filmproduzierendes Land, dennoch wurde das Kino schnell zu einer sehr populären Form der städtischen Unterhaltung. 1914 gab es bereits 2446 Lichtspielhäuser und schätzungsweise 1,5 Mio. Kinobesucher pro Tag.[21]

Um 1900, noch bevor das Kino sich etabliert hatte, war die deutsche Öffentlichkeit Millionen von massenhaft produzierten Bildern ausgesetzt. Einige von ihnen waren unanständig, obgleich es hier keine Übereinstimmung über die genaue Definition des Ausdrucks gab und Kampagnen gegen »unmoralische« Bilder immer einhergingen mit solchen gegen Prostitution, Verbrechen, Kommerzialismus (oder »Amerikanisierung«) und Subversion. Die erotische Photographie war so alt wie das Medium selbst, und in der wilhelminischen Periode konfiszierte die Polizei große Mengen verdächtigen Materials, sowohl aus deutscher Produktion als auch Importware.[22] Die Moralapostel sahen allerdings kaum einen Unterschied zwischen diesen Aufnahmen und den Alben mit »Pariser Nackten«, die in Zeitschriften wie der *Jugend* annonciert waren

---

19 Siehe J. Redlin, »Illusion der Wirklichkeit«, in *Schilder, Bilder, Moritaten. Sonderschau des Museums für Volkskunde im Pergamon-Museum,* Berlin 1987, S. 17-24.

20 Siehe D. Hoffmann u. A. Junker, *Laterna Magica. Lichtbilder aus Menschenwelt und Götterwelt,* Berlin 1982.

21 W. Bredow u. R. Zurek (Hg.), *Film und Gesellschaft in Deutschland. Dokumente und Materialien,* Hamburg 1975, S. 18, 30; auch G.D. Stark, »Cinema, society and the state: policing the film industry in Imperial Germany«, in G.D. Stark u. B. Lackner (Hg.), *Essays in Culture and Society in Modern Germany,* Austin, Texas 1982.

22 Siehe G.D. Stark, »Pornography, society and the law in Imperial Germany«, *Central European History,* XVIII (1981), S. 200-29.

oder Kunstreproduktionen, die von führenden Firmen wie Bruckmann oder Hanfstaengl veröffentlicht wurden. Das frühe Kino hatte thematisch sehr viel gemein mit den massenproduzierten Groschenheften (oder Schundheften), die zumeist als Gift für Jugendliche und niedere Klassen betrachtet wurden, doch sein Reiz und sein Einfluß wurden als bei weitem stärker angesehen. Im Jahr 1912 behauptete ein typischer Artikel: »Der aus dem Ausland bezogene Film, der gleichzeitig von Hunderten geschaut wird, wirkt mit seiner Verherrlichung verwegener Verbrecher, seinen bluttriefenden Stierkämpfen und brutalen Hinrichtungsscenen weit aufreizender als das gedruckte und in der Stille gelesene Wort.«[23] Schließlich verursachten *Jugend* und *Simplicissimus* ständige Entrüstung. Beide Schriften boten genügend Erregendes. Aber die letztere attackierte auch Klassenkonflikte, ökonomische und sexuelle Ausbeutung, polizeiliche und militärische Gewalt, bürgerliche Heuchelei und Sittenlosigkeit in gehobenen Kreisen; dazu kam, daß dies mit einem Grad an Rohheit und Deutlichkeit geschah, die normale Zeitgenossen als geschmacklos und über alle Maßen subversiv empfanden *(Abb. 1)*.

Im Europa des 19. Jahrhunderts wurde weithin angenommen, daß Bilder das Verhalten in einer sehr viel direkteren und gefährlicheren Weise beeinflussen könnten als das gedruckte Wort.[24] Im kaiserlichen Deutschland schufen die schnelle Urbanisierung, das Wachstum der Sozialdemokratie und die Anwesenheit von großen, nicht-assimilierten Minderheiten Probleme, die, so glaubte man zumindest, eine aufrührerische Propaganda noch verschlimmern würde. Massenhafte Prostitution in den Großstädten und die Verbreitung von Geschlechtskrankheiten ließen die Besorgnis wachsen, daß Promiskuität, durch Pornographie noch angestachelt, die Lebenskraft und militärische Stärke der Nation angreifen würde. Solche Ängste waren gekoppelt mit dem Wunsch, die Familie vor einer Reihe angeblicher Gefahren zu schützen – Alko-

23 H. Stümcke, »Kinematograph und Theater«, *Bühne und Welt*, XIV/15 (Mai 1912/1), S. 89.

24 Siehe R. Goldstein, *Political Censorship of the Arts and the Press in 19th-Century Europe*, London 1989, Kap. 3.

holismus, Verhütungsmittel, Frauenemanzipation etc. – und die Selbstdisziplin zu stärken, die für die neuhumanistischen Ideale von Freiheit und Bildung der Persönlichkeit zentral war. Im Kaiserreich war die Ansicht verbreitet, daß Bildpropaganda, von historischer Wandmalerei bis hin zum sogenannten »Reformkino«, positive, zivilisierte Werte schaffen könne. Aber diese Ansicht war mit der Überzeugung gekoppelt, daß schädliche Bilder um jeden Preis kontrolliert werden müßten.

Im traditionellen Obrigkeitsstaat war dies teilweise erreicht worden durch Lizenzvergabe und die Überwachung von fliegenden Händlern sowie durch Verbote des Straßenverkaufs bestimmter Dinge; einige dieser Maßnahmen dauerten bis ins 20. Jahrhundert fort. Die Paragraphen 41 und 42 des Strafgesetzbuchs erlaubten den Gerichten, die »Unbrauchbarmachung« unverkauften Materials anzuordnen, auch wenn niemand für dessen Herstellung verurteilt werden konnte. Andererseits war die präventive Zensur (d. h. die Vorzensur) von den deutschen Staaten nach 1850 allmählich abgeschafft worden, und im Reichspressegesetz von 1874 wurde sie ausdrücklich widerrufen. Dennoch blieb die Zensur für Bühnendarbietungen bis 1918 bestehen; sie wurde von der lokalen Polizei ausgeübt und war nur in wenigen Staaten (wie in Preußen und Sachsen) einer gerichtlichen Revision zugänglich.[25] Dasselbe System wurde bald darauf auf das Kino angewandt, allerdings mit einer wachsenden Tendenz zur Zentralisierung. Trotz dem Einspruch von Intellektuellen, die von der Modernität des Kinos und seinem »Amerikanismus« fasziniert waren[26], war man weithin (wie übrigens auch in anderen Ländern, einschließlich der Vereinigten Staaten) der Ansicht, der Film besitze eine außergewöhnliche Macht, menschliches Verhalten zu beeinflussen, und er stelle eine Form von Massenunterhaltung dar, die einen Schutz, vergleichbar dem der »hohen Künste«, nicht verdiente.

---

25 P. Jelavich, »The censorship of literary Naturalism, 1890-1895: Bavaria«, *Central European History,* XVIII (1985), S. 344-59; G.D. Stark, »The censorship of literary Naturalism, 1885-1895: Prussia and Saxony«, ibid., S. 326-43.

26 A. Kaes (Hg.), *Kino-Debatte. Texte zum Verhältnis von Literatur und Film 1909-1929,* Tübingen 1978, S. 48.

Nach 1874 war die Unterdrückung von gedruckten Bildern, die in Deutschland publiziert wurden, auf exekutivem Wege (abgesehen von Verboten des Straßen- und Bahnhofsverkaufs) nur unter außergewöhnlichen Umständen möglich, und zwar nach der Sozialistengesetzgebung von 1878-90 und im Belagerungszustand (z. B. in Kriegszeiten).[27] Andernfalls waren »Presseprodukte« dem Pressegesetz von 1874 unterworfen, das lediglich verlangte, Belegexemplare zu Beginn der Verbreitung der Polizei vorzulegen. Nur zu diesem Zeitpunkt konnten die Behörden die Konfiszierung anordnen und ein Verfahren nach dem Strafgesetzbuch (RSGB) einleiten wegen Vergehen wie Aufhetzung, Majestätsbeleidigung, Blasphemie oder Obszönität. Gegen bereits verkaufte Exemplare konnte man nichts unternehmen, und die modernen Distributionsmethoden machten eine wirksame Intervention zunehmend schwierig: dies galt z. B. für Berlin im Jahr 1880, trotz bereitwilliger Mitwirkung seitens der Gerichte und dem Einsatz von Telegraphen und polizeilichen Lesern, die Tag und Nacht arbeiteten.[28] In Baden, Bayern, Oldenburg und Württemberg machten Geschworenenverhandlungen in Fällen ernster Pressevergehen Verurteilungen sehr viel schwieriger, und die Benutzung des sogenannten »fliegenden Gerichtsstands« zu deren Umgehung wurde 1902 beschnitten: dies war ein entscheidender zusätzlicher Schutz für Zeitschriften wie die *Jugend* und den *Simplicissimus*. Doch gelang es den Libertären nicht, den Paragraphen 360/11 des RSGB, der sogenannten »groben Unfug« unter Strafe stellte, abzuschaffen. Dies war ein Vergehen, das für ein Geschworenengericht zu trivial, aber durchaus geeignet war, selbst prominenten Journalisten wie Maximilian Harden Schwierigkeiten zu machen. Massive Proteste schränkten seine Anwendung in der Vorkriegsdekade jedoch weitgehend auf Pornographie und Zeitschriften von zwielichtiger Natur ein.

---

27 Siehe R. Lenman, »Censorship and society in Munich, 1890-1914«, Diss. Oxford, 1975, Kap. 1; R. Goldstein, *Political Repression in 19th-Century Europe*, Totowa, N.J. 1983, S. 34-47.

28 Geheimes Staatsarchiv, München, MA 94 828: Bayr. Bundesrats-Bevollmächtigter v. Herrmann an Bayr. Innenministerium, 9. Mai 1880.

Um 1900 bewirkten Verfolgungen der Presse im allgemeinen das Gegenteil des Gewünschten, vor allem in Fällen von Majestätsbeleidigung. Paragraph 95 des RSGB (schriftliche Verleumdung des Kaisers oder des Herrschers eines Staates) war im 19. Jahrhundert sehr oft, vor allem gegen Sozialisten, gebraucht worden; zwischen 1889 und 1895 gab es durchschnittlich 551 Verurteilungen im Jahr.[29] (Ironischerweise bezeichnete der Maler Franz von Lenbach 1892 sein neugeborenes Kind als »die einzige Person in Deutschland, welche noch keine Majestätsbeleidigung auf dem Gewissen hat«).[30] Im Jahr 1899 wurde der *Simplicissimus* durch die Verurteilung seiner beiden Hauptmitarbeiter, Wedekind und Heine, fast ruiniert. Beide hatten den Besuch Wilhelms II. in Palästina verspottet, als die Zeitschrift noch in Sachsen gedruckt wurde, wo es kein Geschworenengericht gab;[31] sie konnte sich nur durch einen Umzug in die württembergische Hauptstadt Stuttgart retten. Doch war die Anwendung des Majestätsbeleidigungs-Paragraphen natürlich problematisch. In Bayern machten die Leichen im Keller der Wittelsbacher – *zwei* verrückte Könige seit 1864 – den Staat sehr zurückhaltend bei seiner Anwendung,[32] während Wilhelms II. starkes öffentliches Engagement ihn immer mehr in den Mittelpunkt rückte; aus diesem Grund wohl wurde 1908 die staatliche Verfolgungspflicht auf Beleidigungen beschränkt, die »böswillig und mit Überlegung« begangen wurden.[33] Da Sozialisten per Definition bösartig waren, litten sie bis zum Krieg unter ständigen Attacken. In anderen Fällen zog man es oft vor, diskretere administrative Maßnahmen zu ergreifen: so wurden durch das Verkaufsverbot auf staatlichen Eisenbahnen, das systematisch gegen den *Simplicissimus* (und gelegentlich gegen Avantgardeschriften wie Herwarth Waldens *Der Sturm*) eingesetzt wurde, der

29 A. Hall, »The Kaiser, the Wilhelmine state and le-majesté«, *German Life and Letters*, 1974, S. 101f.

30 S. Wichmann, *Franz von Lenbach und seine Zeit*, Köln 1973, S. 95.

31 Lenman, »Censorship and society in Munich«, S. 84-6.

32 Siehe Bayr. Hauptstaatsarchiv, München, Allg. Abt. [BHSA München], MInn 65 720.

33 *Reichsgesetzblatt*, 1908 (Gesetz vom 17. Feb. 1908).

Verkauf geschmälert, ohne die Probleme hervorzurufen, die Gerichtsverfahren mit sich brachten.[34] Eine solche Taktik stellte, obwohl sie Anlaß zur Beunruhigung war, eine Anerkennung des wachsenden Status und Einflusses des Journalismus dar und illustrierte die Tatsache, daß er durch andere Sanktionen kaum zu treffen war. Im März 1913 teilte Münchens Polizeipräsident dem Bayerischen Innenminister mit: »Die Macht der Presse ist heute so groß, daß dieser wichtige Faktor des öffentlichen Lebens auch von staatlichen Behörden nicht außer Acht gelassen werden kann. Keine Staatsbehörde kann ihr auf Dauer ablehnend oder gar feindlich gegenüberstehen.«[35]

Obwohl die Anzahl der gedruckten, photographischen und kinematographischen Bilder die der Werke der bildenden Künste bei weitem überschritt, waren die letzteren keinesfalls bedeutungslos. In den letzten Jahren des 19. Jahrhunderts wurden jedes Jahr Tausende neuer Gemälde ausgestellt, die Buchillustration wurde zu einem wichtigen Gewerbe, und eine Wiederbelebung des Verlagswesens war in vollem Gange. Es gab auch enge Verbindungen zwischen bildender Kunst und Satire und zwischen der Sezessions- und Jugendstilbewegung und der modernen kommerziellen Kunst. Doch auch bei einer sehr engen Definition von bildender Kunst war diese Gattung im späten 19. Jahrhundert ein viel wichtigeres und populäreres Medium als im späten 20. Jahrhundert, was an der leichten Zugänglichkeit lag und an der Tatsache, daß Staffeleigemälde, Wandmalerei und Panoramen fast die einzigen verfügbaren farbigen Bilder von guter Qualität waren: deshalb die sensationelle Wirkung, welche die *grandes machines* von Künstlern wie Anton von Werner, Hans Makart, Franz Defregger und ihren Zeitgenossen hatten, eine Wirkung, die durch ihre Wanderausstellungen und massenhafte Reproduktionen noch verstärkt wurde.

---

34 Lenman, »Censorship and society in Munich«, S. 137; M. Godé, *Der Sturm de Herwarth Walden ou l'utopie d'un art autonome*, Nancy 1990, S. 73.

35 Geh. Staatsarchiv München, MA 94 810: von der Heydt an Soden-Fraunhofen, 22. März 1913.

Die große Zahl der von Künstlern hergestellten Bilder im kaiserlichen Deutschland hatte überhaupt keine direkte Bedeutung für die staatliche Kontrolle oder Zensur, da sie Landschaften, Tierbildnisse oder Genrebilder zeigten, die gerade aufgrund ihres harmlos sentimentalen Gegenstands sehr populär waren. In der Tat bestand die hauptsächliche Funktion von Bildern, die fürs Heim gekauft wurden, darin, daß sie zu der Umgebung paßten, die ihre Bewohner sorgfältig entworfen hatten, um sich gegen die harsche Wirklichkeit abzuschirmen. Trotzdem sorgte eine Minderheit von Künstlern für eine Kontroverse, die in keinem Verhältnis zu ihrer Anzahl stand, einfach indem sie umstrittene Themen aufgriffen und bedeutungsvolle visuelle Konventionen mißachteten.

Bekanntlich war die Ablehnung von Nacktheit und Erotik zentral für die konservative Ästhetik, und tatsächlich war der Akt in der mitteleuropäischen Malerei des 19. Jahrhunderts vergleichsweise selten. Eine auffällige Ausnahme war das Werk des in München ausgebildeten Österreichers Makart, der in den fünfziger bis siebziger Jahren historische und allegorische Themen als Schauplatz für betörend verführerische (und manchmal identifizierbare) weibliche Akte benutzte. »Er hat die unverhüllteste Sinnlichkeit in seinen Werken zum leitenden Princip erhoben«, beschwerte sich ein Moralist, »und eine Lüsternheit gepflegt, die vor ihm kein anderer zu bieten wagte.«[36] Auch Max Klinger und Arnold Böcklin zeigten viel Fleisch, aber dies in einem mythologischen oder traumähnlichen Kontext, der es aus der Realität heraushob. Doch von etwa 1890 an verbreiteten sich naturalistische Nacktheit und offene Erotik immer mehr. In Franz Stucks *Die Sünde* (Neue Pinakothek, München, *Abb. 2*) steht eine sinnliche, mit einer Schlange drapierte Frau dem Betrachter in unverfrorener Provokation gegenüber, und als das Bild 1893 zum ersten Mal gezeigt wurde – zwei Jahre nach der Veröffentlichung von Frank Wedekinds revolutionärem Pubertätsdrama *Frühlings Erwachen* – war seine Wirkung

36 H. Eisenträger, »Die moderne Malerei«, in L. Weber (Hg.), *Die Wissenschaften und Künste der Gegenwart in ihrer Stellung zum biblischen Christentum*, Gütersloh 1898, S. 264.

auf die Jugend elektrisierend.[37] Solche Themen, die von Stuck und anderen Künstlern endlos wiederholt wurden, waren eine Herausforderung für die konventionelle Anständigkeit und die Sicht von der Frau als »Engel im Haus«. Natürlich wurden auch religiöse Gefühle durch die sinnlichen und räuberischen Evas, Judiths und Delilahs der *Jugend* und der *fin-de-siècle*-Salons verhöhnt, vor allem aber durch die aufreizenden sado-masochistischen Produkte des Salome-Fiebers der 90er Jahre.[38]

Auf andere Weise provokativ waren die Arbeiten der deutschen Naturalisten, die zwischen den siebziger und neunziger Jahren die dunkleren Seiten des zeitgenössischen, vor allem des städtischen und proletarischen Lebens, darstellten. Ein krasses und frühes Beispiel war *Der Spaziergang* (oder *Die rote Mauer*) des 20-jährigen Max Klinger, das einen Angestellten auf einem freien Gelände am Rande Berlins zeigte, der von vier Schlägern umringt war, die daran gingen, ihn zu verprügeln *(Abb. 3)*. Dieses Bild, das 1878 in Berlin ausgestellt wurde, stand in schroffem Gegensatz zu den patriotischen und sentimentalen Bildern, die in den zeitgenössichen Salons üblich waren. (Wilhelm II. sollte 1906 seinen Ankauf durch die Berliner Nationalgalerie verbieten.[39]) Gleichermaßen verstörende Themen kehren in Klingers graphischem Zyklus der achtziger Jahre wieder: in *Dramen* zum Beispiel, in denen es Szenen gab – teils imaginäre, teils durch die Presse inspirierte –, die blutige Straßenkämpfe darstellten, Ehebruch in den Vorstädten und Schmutz, Gewalt und Selbstmord in den Elendsvierteln. Ein grauenhaftes Bild, in dem das ertrunkene Kind eines Arbeiters aus der Spree gezogen wird, wobei man im Hintergrund eine Kunstausstellung sieht, griff die konventionelle Trennung zwischen

37 P.-K. Schuster, »›München leuchtete‹. Die Erneuerung christlicher Kunst in München um 1900«, in P.-K. Schuster (Hg.), *»München leuchtete«. Karl Caspar und die Erneuerung der christlichen Kunst in München um 1900*, München 1984; s. auch B. Dijkstra, *Idols of Perversity. Fantasies of Feminine Evil in fin-de-siècle Culture*, New York u. Oxford 1986.

38 Siehe J.A. Schmoll gen. Eisenwerth, »Salome 1900«, *Du*, VIII (1981), S. 45-55.

39 C. With, *The Prussian Landeskunstkommission 1862-1911. A Study in State Subvention of the Arts. Kunst, Kultur und Politik im deutschen Kaiserreich*, VI, Berlin 1986, S. 110.

Kunst und sozialer Realität in provokativer Weise auf. Nicht so spektakuär, aber oftmals öde und in trüben Farben gemalt und ohne den in der gängigen Malerei üblichen anekdotischen Inhalt, waren Max Liebermanns Gemälde der siebziger und achtziger Jahre von niederländischen Bauern und Handwerkern bei der Arbeit. Die Blütezeit des literarischen Naturalismus zwischen 1885 und 1895 fand zur gleichen Zeit statt, in der solch städtisch-industrielle Bilder von Künstlern wie dem jungen Arthur Kampf und Hans Baluschek entstanden, aber auch (stark von Klinger beeinflußte) Drucke von Käthe Kollwitz, deren Hauptmann- und Zola-Illustrationen, französische Revolutionsszenen und Eindrücke von proletarischem Elend zu den herausragenden oppositionellen Bildern des wilhelminischen Deutschland gehörten.[40]

Die naturalistische Behandlung von erotischen und religiösen Themen war in doppelter Weise verstörend. Während die Akte des Jugendstils und der Sezession nach 1900 oft idealisiert waren und Pin-up-Qualität besaßen, erforschten die Naturalisten die problematischen Aspekte der Sexualität von der Prostitution bis zur ehelichen Sexualroutine. Max Slevogts *Danaë* (Lenbachhaus, München, *Abb. 4*) von 1896 zeigt eine perspektivisch in grotesker Weise verkürzte schlafende Prostituierte mit derben Zügen und ein altes Weib, das herabfallende Münzen in ihrer Schürze auffängt; seine auf subtilere Weise provokative *Feierstunde* (1902, Neue Pinakothek, München) zeigt eine müde junge Frau, die resigniert auf die sexuelle Annäherung ihres Ehemanns antwortet, der als klassisch-naturalistischer Proletarier dargestellt ist, mit groben Ohren, hängenden Schultern und aufgesprungenen roten Händen. Solche Arbeiten machten sich über die mythologische und Genremalerei lustig; Bearbeitungen von Themen aus dem Neuen Testament durch die Naturalisten und ihre Vorläufer verhöhnten die »Oberammergau«-Konventionen (»die keusche stille Größe der biblischen Gestalten«)[41] der Hauptrichtung religiöser Malerei. Eduard von Gebhardt wurde angegriffen, weil er die Jünger Jesu nach den grobschlächtigen Bauern seines

40 Siehe O. Nagel, *Käthe Kollwitz,* London 1971.
41 Eisenträger, »Die moderne Malerei«, S. 281.

heimatlichen Estlands gestaltete. Noch schlimmer erging es Fritz von Uhde, der Szenen des Evangelium in einfacher ländlicher Umgebung malte, wobei Jesus manchmal als eine Art wandernder Fanatiker erschien – manchen Kritikern freilich als sozialistischer Agitator – und seine Jünger als geknechtete, niedere Charaktere.

Die konservative Ablehnung solcher Kunstwerke nährte sich nicht nur aus Wut, sondern auch aus dem Glauben, daß der moralische Zweck der Kunst darin bestünde, den Massen höhere Werte einzuimpfen und sie von ihrem bitteren Leben und den Verlockungen des Sozialismus abzulenken. Schon in den vierziger und fünfziger Jahren war eine Schlacht geschlagen worden zwischen »idealistischer« und realistischer Historienmalerei, und zwar zwischen Anhängern von Cornelius' symbolischem, anti-naturalistischem und streng linearem Stil und dem franko-belgischen Kolorismus, wie ihn Piloty und Menzel auf unterschiedliche Weise vertraten. Auch dieser Streit hatte starke politische Untertöne des dynastischen Konservatismus gegen liberalen Nationalismus.[42] Aber Angriffe auf Menzel, weil er Helden wie Friedrich den Großen mit schmutzigen Stiefeln gemalt hatte,[43] waren mild im Vergleich mit der Schmähung der Naturalisten. Liebermanns *Jesus im Tempel*, auf dem ein vollkommen normales Kind in einer realistischen Synagoge gezeigt wird, provozierte 1879 in München einen wilden Aufschrei und antisemitische Beschimpfungen, die den Künstler davon abhielten, dieses Thema später wieder aufzugreifen.[44] Später sollte ihn Adolf Rosenberg, der Doyen des kritischen Establishments in Berlin, wegen seiner unverwüstlichen Vorliebe für »die niedrigsten, schmutzigsten und trostlosesten Motive aus dem menschlichen Leben« anklagen.[45]

---

42 Siehe R. Schoch, »Die belgischen Bilder«, *Städel-Jahrbuch,* N. F. VII (1979), S. 171-86.

43 C. With, »Adolph von Menzel: a study in the relationship between art and politics in 19th-century Germany«, U.C.L.A Diss. 1975, S. 205.

44 M. Eberle, »Max Liebermann zwischen Tradition und Opposition«, in *Max Liebermann in seiner Zeit,* Berlin 1979, S. 30-1.

45 Zit. bei G. Czymmek, »Ex cathedra über ›Asphalt‹, die ›Hellmalerei‹ und die ›Sekte der Impressionisten‹ oder Lesefrüchte aus deutschen Kunstgeschichten bis 1894«, in G. Czymmek (Hg.), *Landschaft im Licht. Impressionistische Malerei in Europa und Nordamerika 1860-1919,* Köln u. Zürich 1990, S. 26-7.

Praktisch wurde fast jedem nicht-anekdotischen, nicht erbaulichen Bild aus dem Leben der unteren Schichten der Status von Kunst versagt und das Stigma «sozialdemokratisch« aufgedrückt. Dies war der Hintergrund der Rede Wilhelms II. von 1901, die einem seit langem etablierten und weit verbreiteten (nicht nur deutschen) Konsens die kaiserliche Autorität verlieh. Paul Klees Vater sagte es im provinziellen Bern so: »Der Mann arbeitet. Abends ruht er, und manchmal hat er Ferien. Unthätigkeit, Alkohol, etc. sind nicht unschädlich. Hier soll die Kunst eingreifen, schweißtrocknend, verschönernd, verschleiernd, göttlich über das Herbe lächelnd, nie aber zersetzend, abdeckend, schweißbereitend, grinsend, etc. ...« (Klees Kommentar, daß die Kunst den Künstlern gehöre und daß die »wahre Kunst nicht Können« ist, sondern »nicht anders können«, formulierte die moderne Kunstauffassung auf prägnante Weise.[46])

Mochte man die konservativen Einwände gegen die moderne Themenwahl voraussagen können, so waren doch die Angriffe auf moderne Techniken, vor allem auf die lockere Pinselführung und die helle Palette des sogenannten *Plein-Airismus*, etwas rätselhaft. Die Erklärung dürfte in der französischen Ausrichtung der neuen Bewegung liegen, die ja nicht zu leugnen war. Die Frankophobie war im kaiserlichen Deutschland sowohl kulturell als auch politisch stark, und die gängige Konfrontation »des Französischen« mit »dem Deutschen« zeigte die Franzosen als frivol, hohl und hyperrational im Vergleich zu den ernsthaften, tiefen und geistigen Deutschen. Auf diese Weise wurden Künstler von Kritikern, die dieser Hauptrichtung folgten, oft gemäß ihrer Nachgiebigkeit oder ihrem Widerstand gegenüber französischem Einfluß beurteilt, und die Freiluftmalerei bedeutete »französische« Beschäftigung mit der Oberfläche statt mit dem Inhalt und mit Erscheinungen statt mit geistigem Wesen.[47] Darüber hinaus bedeutete die Tendenz des Plein-Airismus eine Herausforderung für die konven-

46 Klee, *Briefe,* I, S. 338.

47 Siehe z. B. L. Weber, *Der Gegensatz des deutschen und des französichen Volksgeistes. Zugleich ein Mahnwort zur Selbstaufraffung des deutschen Volkes,* Leipzig 1891.

tionellen Annahmen über den moralischen und ästhetischen Wert von Kunstfertigkeit und Formwillen, weil jener die Objekte verschwimmen ließ und auflöste und weil er nach Unmittelbarkeit statt nach illusionistischer Vervollkommnung strebte. Die Brauntöne, das Altgold und andere »Salonfarben«, die von den Plein-Airisten abgelehnt wurden, wurden weithin als ausgesprochen deutsch angesehen. »Indem wir der deutschen Herbstlandschaft in der Zeit der Weinlese ihre warmen, saftvollen Farbenstimmungen entnehmen«, schrieb Georg Hirth in *Das deutsche Zimmer der Renaissance*, »schaffen wir sowohl unserem Gemüthe als unserem sinnlichen Auge Befriedigung.«[48] Tatsächlich sorgte die von Hirth geförderte Mode des *Altdeutschen* mit seiner düsteren Täfelung und seinen kaffeefarbenen Vorhängen dafür, daß die ebenfalls dunklen Erzeugnisse der Düsseldorfer und Münchner Schule gegen Ende des 19. Jahrhunderts hoch im Kurs standen. Im Vergleich dazu schienen herausragende proto-sezessionistische Werke wie Uhdes *Die Trommelübung* von 1883, mit ihrer Kirschblüte, den hellblauen bayerischen Uniformen und dem leuchtend grünen Gras grell, undeutsch und tatsächlich unnatürlich. Es war kein Zufall, daß die wachsende Akzeptanz des Impressionismus und Sezessionismus in Deutschland mit einer Tendenz zum helleren, luftigeren Dekor und auch mit Freiluftaktivitäten wie Radfahren und Wandern zusammentraf. Doch das Ausmaß dieser Veränderungen sollte nicht überschätzt werden. Erst 1907 gelang es Karl Woermann, dem fortschrittlich gesonnenen Direktor der Dresdner Kunsthalle, seine konservativen Kollegen zum Ankauf von Uhdes *Trommelübung* zu überreden.[49] »Patriotische« altdeutsche Muster und »Rembrandtfarben« blieben bis ins 20. Jahrhundert hinein populär. Der kulturelle Chauvinismus, der von Traktaten wie Julius Langbehns *Rembrandt als Erzieher* und Carl Vinnens *Protest deutscher Künstler* noch geschürt wurde, nahm in den Vorkriegsjahren an Heftigkeit noch zu.

---

48 G. Hirth, *Das deutsche Zimmer der Renaissance,* S. 63; s. auch W. Brönner, »Farbige Architektur und Architekturdekoration des Historismus«, *Deutsche Kunst und Denkmalpflege,* 1978, S. 57-68.

49 K. Woermann, *Lebenserinnerungen eines Achtzigjährigen,* Leipzig 1924, II, S. 11.

Die moderne Kunst provozierte zahlreiche Skandale in den letzten Jahren des 19. Jahrhunderts, von der Schließung von Edvard Munchs Berliner Ausstellung im Oktober 1892 und dem Aufschrei über Klingers nackten, gekreuzigten Christus und Slevogts *Danaë* bis hin zu Wilhelms II. Zusammenstoß mit »Rinnsteinkünstlern«.[50] Doch scheinen Maler im Vergleich mit Schriftstellern vor Strafverfolgung relativ sicher gewesen zu sein. Dies lag teilweise an dem hohen Status der Kunst, über den noch zu sprechen sein wird. Gleichzeitig machten konfessionelle Spannungen es für Beamte schwer, Strafverfolgungen wegen des Blasphemieparagraphen anzustrengen (RSGB 166), während enge juristische Interpretationen von Paragraph 184 Verfolgungen wegen Obszönität problematisch machten. Rückblickend gesehen, waren Künstler weniger vom Staatsapparat bedroht als von der Agitation durch Interessengruppen, die hin und wieder vom Kaiser angestachelt wurden. Besonders laut waren Gruppen wie die Allgemeine Konferenz der deutschen Sittlichkeitsvereine, die die Schuld an den Problemen der modernen Gesellschaft den modernen Schriftstellern und Künstlern, den Atheisten, den Sozialisten und den Juden zuschoben.[51] Besonders in den neunziger Jahren waren Antisemiten wie Adolf Stoecker, die konservativen politischen Parteien und das katholische Zentrum mit seinem Netzwerk von Vereinen ständig durch Fragen der Moral in Bewegung gehalten. Dies war der Hintergrund für eine Serie von Novellierungen des Strafrechts, die zusammengenommen die größte Gefahr für das Recht auf freie Meinungsäußerung in Deutschland zwischen Wilhelms II. Thronbesteigung und Hitlers Aufstieg darstellten. Dies traf insbesondere auf die verschiedenen Fassungen der sogenannten Lex Heinze zu, die Anfang 1892 zum ersten Mal im Parlament eingebracht wurde und die gefährliche Verschärfungen des Paragraphen 184 RSGB vorsah.

---

50 Siehe P. Paret, *Die Berliner Sezession.* Berlin 1981, Kap. 1.

51 Siehe L. Weber (Hg.), *Die Wissenschaften und Künste der Gegenwart, und Geschichte der sittlich-religiösen und socialen Entwicklung Deutschlands in den letzten 35 Jahren,* Gütersloh 1898; auch M. Stieg, »The 1926 Law to Protect Youth against Trash and Dirt: moral protectionism in a democracy«, *Central European History,* XXIII (1990), S. 22-56.

Die Ermordung eines Berliner Nachtwächters durch einen Verbrecher und Zuhälter namens Heinze war der unwahrscheinliche Ausgangspunkt für die längste und leidenschaftlichste Debatte über die Kontrolle von Kunst und Literatur, die im kaiserlichen Deutschland – und in Europas Belle Epoque – je geführt wurde. Maler, Schriftsteller und Kritiker betraten die Arena der Politik, Angehörige der Mittelklasse bejubelten Reden von Sozialdemokraten über die geistige Freiheit, und die Beratungen des Reichstags wurden durch eine spektakuläre Obstruktionskampagne blokkiert. Wie sich dies aus einem Fall entwickeln konnte, der mit Prostitution und Pornographie zu tun hatte, läßt sich nur im Kontext von Deutschlands allgemeiner Situation im Jahrzehnt nach Bismarcks Sturz verstehen.

Heinzes Prozeß fand 1891 statt, und die Presse berichtete darüber in reißerischer Manier. Die Verhandlung enthüllte schockierende Tatsachen, die sich unter der Oberfläche städtischen Lebens abspielten, so daß Wilhelm II. am 22. Oktober die preußische Regierung anwies, sofortige legislative Maßnahmen zu ergreifen, weil »das Zuhältertum neben einer ausgedehnten Prostitution in den großen Städten, insbesondere in Berlin, sich zu einer gemeinen Gefahr für Staat und Gesellschaft entwickelt hat«.[52] Obgleich diese Handlung rückblickend als ein frühes Beispiel für Wilhelms Hang zu hastigen politischen Initiativen angesehen werden muß, wurde sie damals weitgehend gutgeheißen. Insbesondere die bayrische Regierung machte Gesetzesvorschläge, die später entscheidend werden sollten. Am 29. Februar 1892 wurde der erste Entwurf der Lex Heinze im Reichstag eingebracht; ihr Ziel war die Stärkung der staatlichen Macht gegen städtische Kriminelle.[53]

An diesem Punkt bestand die einzige mögliche Bedrohung für die Kunst in der vorgeschlagenen Ausweitung des Paragraphen 184 RSGB wegen der unterstellten Verbindung zwischen Pornographie und Laster. Doch darüber war kaum etwas zu hören, und

52 *Deutscher Reichsanzeiger*, 27. Okt. 1891.
53 Reichstag [RT], 8. Leg.-Periode, I. Sess., Drucksache [Dr.] 713: *Entwurf eines Gesetzes betr. Änderungen und Ergänzungen des Strafgesetzbuches.*

erst als der Gesetzesentwurf in den Ausschüssen beraten wurde, traten seine kulturellen Implikationen zutage. Jetzt versuchte die katholische Zentrumspartei, unterstützt von protestantischen Anti-Liberalen wie Stoecker, das Gesetz nach ihren Vorstellungen zu verändern. Sie setzten das Schutzalter für Mädchen von 16 auf 18 Jahre herauf, nahmen in den Paragraphen 184 RSGB die Werbung und Abbildung von Verhütungsmitteln auf, und es gelang ihnen beinahe, auch unsittliche Bühnenvorführungen zu indizieren. Solche extremen Vorschläge dämpften den Enthusiasmus der Regierung, so daß gegen Ende 1894 die Vorlage ad acta gelegt wurde.

Obwohl man für die kommenden drei Jahre nichts mehr von der Lex Heinze hörte, erklären einige Vorkommnisse in der Zwischenzeit ihre schließliche Wiederauferstehung und die sie umgebende Kontroverse. Die neunziger Jahre waren eine Zeit akuter politischer Spannungen, charakterisiert durch das rapide Wachstum der Sozialdemokratie in den Städten, Bauernradikalismus in Bayern und Pläne am Hof und beim Militär für einen antiparlamentarischen Staatsstreich. Außerdem gab es wiederholte Versuche, die deutsche Gesellschaft durch repressive Gesetzgebung zu stabilisieren. Besonders bemerkenswert war die sogenannte Umsturzvorlage, die vom Kaiser stark unterstützt wurde und im Dezember 1894 vor dem Hintergrund verwickelter politischer Intrigen in den Reichstag eingebracht wurde.[54] Ihr unmittelbarer Anlaß waren die anarchistischen Gewalttaten in Europa, insbesondere die Ermordung von Frankreichs Präsident Carnot, sie zielte jedoch darauf ab, auch die Kritik an »tragenden« Institutionen unter Strafe zu stellen. Wiederum war die Haltung des Zentrums entscheidend, das hier eine günstige Gelegenheit erblickte, wichtige Aspekte der liberalen Gesellschaft anzugreifen, und in den Ausschüssen alles tat, um weitreichende Zusatzmaßnahmen zum Schutz christlicher Moral und Glauben aufzunehmen. Dies war eine von vielen Parallelen zwischen der Lex Heinze und der Um-

54 J. C. G. Röhl, *Germany without Bismarck. The Crisis of Government in the Second Reich, 1890-1900*, London 1967, S. 112-116.

sturzvorlage, die bald unter wütenden Protesten abgelehnt wurde. In beiden Fällen führte die von Wilhelm II. ausgehende Reaktion auf einen besonderen Vorfall zur Einführung bedenklich ungenauer Begriffe in den Gesetzestext, und komplexe Probleme wurden auf eine Reihe von Sündenböcken abgewälzt: auf Anarchisten, Sozialisten und Freidenker im ersten Fall, auf Juden, Pornographen und die Avantgarde im zweiten. Da die Umsturzvorlage von Angriffen auf die Gewerkschaften (die sogenannte *Zuchthausvorlage*) und auf akademische Freiheiten gefolgt war (die preußische Lex Arons), ließ das Auftauchen der vom Zentrum betriebenen Neufassung der Lex Heinze Schlimmes ahnen.

In der Zwischenzeit waren die ursprünglichen Beweggründe von 1891 nicht verschwunden. Erneutes Wirtschaftswachstum beschleunigte sowohl die Ausdehnung der Großstädte als auch den Eindruck, die Städte befänden sich in einer moralischen Krise. Mehr Freizeit und der Tourismus stärkten eine riesige städtische Unterhaltungsindustrie und das »Nachtleben schon bei Tag«[55] in Gegenden wie der Berliner Friedrichstraße. Die Unfähigkeit der Polizei, die Prostitution einzudämmen, bedeutete, daß in Berlin auf ca. 3 000 registrierte Prostituierte etwa 30-40 000 illegale kamen. In anderen Städten herrschten vergleichbare Verhältnisse, die Verbrechen und Krankheit förderten, so daß 1900 ein Autor behauptete, die Fälle der in deutschen Krankenhäusern behandelten Geschlechtskrankheiten würden nur von der Tuberkulose übertroffen.[56] Diese Lage heizte die Agitation der Sittlichkeitsvereine an, die eine »regulierte« Prostitution völlig ablehnten und christlichen Fundamentalismus mit rechtsgerichteten politischen Ansichten verbanden, ähnlich wie bei der Debatte über die Umsturzvorlage. Der Sekretär der *Allgemeinen Konferenz*, Henning, verlangte im April 1897 Unterstützung von der bayrischen Regierung und verurteilte diese »Umsturzbewegungen der Gegenwart, die durchweg die Zer-

55 *Berlin und die Berliner. Leute. Dinge. Sitten. Winke,* Karlsruhe 1905, S. 273.

56 G. Aschaffenburg, »Der Kampf gegen die Unsittlichkeit und die Lex Heinze«, *Zeitschrift für Socialwissenschaft,* III (1900), S. 277-85; s. auch R. Hessen, *Die Prostitution in Deutschland,* München 1910; R. Evans, »Prostitution, state and society in Imperial Germany«, *Past & Present,* 70 (Feb. 1976), S. 106-29.

störung des Sittlichkeitsbewußtseins, die Zersetzung der Familie anstreben und damit die Grundlagen aller bürgerlichen Ordnung untergraben«, um dann demonstrativ hinzuzufügen, daß die Attentäter Wilhelms I. von 1878 »sittlich verkommene Subjekte waren und mit der Prostitution in enger Verbindung standen«.[57] Obwohl die *Allgemeine Konferenz* vom protestantischen Klerus und von Lehrern unterstützt wurde, war ihr Einfluß begrenzt. Damit fiel die Aufgabe der Legislation den politischen Parteien zu, insbesondere den Konservativen, den Antisemiten und dem Zentrum.

Über die beiden konservativen Parteien braucht nicht viel gesagt zu werden: sie waren immer für repressive Gesetze zu haben, solange diese nicht mit ihren materiellen Interessen in Konflikt gerieten. Viel aktiver in der Kampagne für die Lex Heinze waren die Antisemiten, insbesondere Stoecker, der 1893 mithalf, die Vorlage zu verschärfen, und der treulich an ihr festhielt. Die Hauptaufgabe, die Neuformulierung der Lex Heinze und ihr Durchpauken durch den Reichstag, fiel jedoch dem Zentrum zu: teils aus ideologischen Gründen, aber hauptsächlich wegen seiner parlamentarischen Stärke in den späten neunziger Jahren (es gewann nicht weniger als 108 Sitze in den Wahlen von 1898) und wegen seines starken Anteils an Juristen, von denen zwei unmittelbar mit der Vorlage identifiziert wurden. Der eine war Oberlandesgerichtsrat Hermann Roeren, der 1898 einen einflußreichen Sittlichkeitsverein in Köln gegründet hatte und bald darauf als Moralapostel nationale Berühmtheit erlangte. Der andere, ebenfalls Richter, war Adolf Gröber aus Württemberg, ein Mann von unbeugsamen religiösen Ansichten, der überdies der Auffassung war, anarchistische Propaganda sei weniger gefährlich als die Ideen liberaler Professoren.[58] Beide standen für eine engstirnig konfessionelle Orientierung der katholischen Politik und opponierten in der Phase nach dem Kulturkampf gegen alle Bestrebungen, sich der weltlichen Gesellschaft anzunähern.

---

57 BHSA, München, MInn 66 543: Henning an Bayr. Regierung.

58 K. Bachem, *Vorgeschichte, Geschichte und Politik der Deutschen Zentrumspartei*, Köln 1930, V, S. 389.

Roerens und Gröbers allgemeine Orientierung brachte sie zwar in Gegensatz zu den progressiveren Zentrumsleuten; in Fragen der Moral hegten sie jedoch die gleiche Ansicht wie andere Teilnehmer der Kampagne, gleichgültig ob sie katholisch oder protestantisch waren: nämlich daß Deutschland sich im moralischen Niedergang befinde und daß die Schwächung der Religion und der Einfluß der Pornographie Schuld daran seien. Henning schrieb, biblische Wahrheiten seien der Grundstein für die moderne Kultur, und jede Abweichung bringe dem Einzelnen, der Familie und der Nation Unheil; sexuelle Straftaten, ja sogar sinnliche Gedanken führten zu Schäden am Erbgut und zum Untergang der Rasse.[59] Die Überzeugung, daß Obszönität in Bildern, Bühnen- und Kinovorführungen die Wurzel von Deutschlands angeblicher moralischer Krise sei, war der Grundstein der moralischen Bewegung. Sie wurde in banalster Weise ständig wiederholt, obgleich man verbaliter anerkannte, daß die schlechten Wohnbedingungen und andere soziale Probleme Faktoren waren, die das Ihre dazu beitrugen. Die entscheidende Frage hinsichtlich der Lex Heinze war jedoch, ob Pornographie und »Spezialitätentheater« ihre einzigen Ziele waren.

Zwischen 1898 und Anfang 1900 erreichte die Bewegung der Lex Heinze ihren Höhepunkt. Da der Entwurf im Sommer 1898 nicht behandelt wurde, brachte das Zentrum im Dezember eine noch stärkere Fassung ein, und im Februar 1899 wurde eine weitere Fassung von der Regierung vorgelegt;[60] wieder zeigte sich, daß letztere es nicht vermochte, ihre vergleichsweise beschränkten Vorschläge gegen die Fundamentalisten aufrechtzuerhalten. Unter Roerens Vorsitz gab der Ausschuß, der die beiden Entwürfe zusammenfassen sollte, wo immer er konnte, dem Extremismus Vorzug vor der Mäßigung; insbesondere wurde jeder Vorschlag abgelehnt, die Prostitution zu tolerieren oder zu kontrollieren. Dieser Radikalisierungsprozeß setzte sich während der zwei-

59 *Die öffentliche Sittenlosigkeit und die Arbeit der Sittlichkeitsvereine. Eine Denkschrift,* Berlin um 1898.

60 Zu den verschiedenen Vorlagen, siehe *Lex Heinze von ***. Bibliothek f. Politik und Volkswirtschaft,* III, Berlin 1901.

ten Lesung in den ersten Wochen des Jahres 1900 fort, und am 7. Februar, als die Debatte unterbrochen wurde, um Tirpitz' zweite Flottennovelle passieren zu lassen, hatte er seinen Höhepunkt erreicht.

Als aber am 15. März die dritte Lesung der Lex Heinze begann, hatte sich die Situation radikal gewandelt. In der Frühphase des Entwurfs war es sonderbar, wie wenig Opposition sich außerhalb der linken Parteien, der SPD und der pro-naturalistischen literarischen Avantgarde geregt hatte. Seit Anfang 1893 fand die Lex Heinze so wenig Aufmerksamkeit, daß um 1900 viele Leute glaubten, Heinze sei ein Zentrumspolitiker. Doch nun gab es plötzlich einen Sturm des Protests gegen ein Gesetz, das »das gesamte deutsche Geistesleben und vor allem die Kunstpflege mit der empfindlichsten Schädigung bedroht«.[61] Anlaß waren nicht die Abschnitte über Prostitution und Kuppelei, die zunehmend ignoriert wurden, sondern der weite Begriff der Obszönität, der sich in den neuen Entwürfen der §§ 184a und 184b fand, den sogenannten Kunst- und Theaterparagraphen. Wie wir gesehen haben, lag ihr Ursprung in der Überzeugung, daß Obszönität eine Hauptursache für abweichendes Verhalten sei. Noch bestimmter war die Auffassung, daß die Definition des Begriffs »unzüchtig« des § 184 RSGB durch das Reichsgericht 1883 als etwas, »das Scham- und Sittlichkeitsgefühl *in geschlechtlicher Beziehung* gröblich verletzt«,[62] viel zu eng sei. Die bayrische Regierung hatte während der Diskussionen der Lex Heinze durch den Bundesrat eine Extraklausel vorgeschlagen (ähnlich dem § 150 des alten preußischen Strafgesetzbuchs von 1851), wonach die öffentliche Zurschaustellung von Bildern strafbar ist, die, »ohne unzüchtig zu sein, durch gröbliche Verletzung des Scham- und Sittlichkeitsgefühles Ärgernis zu geben geeignet sind«.[63] Bezeichnenderweise ging, von der späteren

61 Geh. Staatsarchiv München, MA 76 787: Erklärung des Vereins »Berliner Presse«, 28. Feb. 1900.

62 *Entscheidungen des Reichsgerichts in Strafsachen*, VIII, 130 (Entsch. vom 26. Feb. 1883).

63 Geh. Staatsarchiv München, MA 76 781: Bayr. Außenminister v. Crailsheim an Prinzregent Luitpold, 30. Jan. 1892.

Entwicklung aus betrachtet, diese Initiative auf die frühere Unfähigkeit der Behörden zurück, gegen die Münchner Avantgarde-Schriftstellerin Anna Croissant-Rust eine Anklage wegen Obszönität zu erheben.[64] Jedenfalls erschien die bayrische Klausel fortan in jeder Fassung des Gesetzes und wurde wiederholt ausgedehnt, bis im Februar 1900 der § 184a bis zu sechs Monaten Gefängnis oder eine Geldstrafe von 600 Mark jedem androhte, der »Schriften, Abbildungen oder Darstellungen, welche, ohne unzüchtig zu sein, das Schamgefühl gröblich verletzen, einer Person unter achtzehn Jahren überläßt oder anbietet oder zu geschäftlichen Zwekken oder in der Absicht, das Schamgefühl zu verletzen, an öffentlichen Straßen, Plätzen oder anderen Orten, die dem öffentlichen Verkehr dienen, in Ärgerniß erregender Weise ausstellt oder anschlägt.«[65] Der Theaterparagraph war vergleichbar, obwohl seine politische Motivation in der Unzufriedenheit der Führer der Moralkampagne mit der Polizeizensur zu suchen war. Er forderte noch härtere Strafen für Personen, die bei Bühnenaufführungen mitwirkten und die Anständigkeit und Sittlichkeit verletzten.

Beide Paragraphen wurden jetzt von einer wachsenden Anzahl von Künstlern, Schriftstellern und Theaterdirektoren als ernsthafte Bedrohung angesehen. Die *Allgemeine deutsche Kunstgenossenschaft*, deren Vorsitzender der furchtgebietende Direktor der Berliner Akademie, Anton von Werner, war, drückte seine große Sorge wegen der Unbestimmtheit des § 184a aus,[66] ebenso wie die Mitglieder der Münchner Akademie, die eine generelle Kampagne gegen Nacktheit und Angriffe auf die letzten Grundlagen künstlerischer Ausbildung befürchteten.[67] Solche Ängste konnten auch nicht durch nichtssagende ministerielle Versicherungen gegenüber »Erzeugnissen der edlen und schöngeistigen Literatur und der rei-

64 Wegen des Aufsatzes »Hochzeitsfest«, in *Moderne Blätter,* XXII (29. Aug. 1891). Siehe Staatsarchiv für München, München, Polizeidirektion [Pol. Dir.] 520: Polizeidirektion an Regierung von Oberbayern, 16. Sept. 1891 (Entwurf).

65 RT 10. Leg.-Periode, I. Sess. 1898-1900, Dr. 571, 3635.

66 BHSA, München, MK 19 101: Erklärung des Hauptvorstandes der Allgemeinen Deutschen Kunstgenossenschaft, ca. Ende Februar 1900.

67 Geh. Staatsarchiv München, MA 76 787: Eingabe an Bayr. Kultusministerium, 9. März 1900.

nen Kunst«[68] zerstreut werden, da viele der Unterstützer der Lex Heinze davon ausgingen, daß das Gesetz natürlich gegen Werke eingesetzt würde, die gegen christlich-konservative Prinzipien verstießen. Hennings Katalog von degenerierter Literatur erstreckte sich von Nietzsche bis zum Naturalismus,[69] und Reden und Pamphlete, die mit der Denunzierung von Revuekünstlern wie den Barrington Sisters begannen, endeten mit Angriffen auf Zola und Hauptmann. Diese Ansichten wären wahrscheinlich von den Gerichten geteilt worden: Roeren, Gröber, Peter Spahn und andere Unterstützer der Lex Heinze waren selbst Richter, und die flexible Anwendung von Delikten wie Majestätsbeleidigung und grobem Unfug ließ natürlich große Sorge aufkommen, was die mögliche Interpretation von Begriffen wie »öffentlich«, »zu geschäftlichen Zwecken« oder »Schamgefühl« anging. Zweifel wurden laut an der richterlichen Unabhängigkeit und Kompetenz. »Die Rede von der absoluten Unbestechlichkeit des deutschen Richterstandes«, erklärte der Münchner Ästhetiker Theodor Lipps im März 1900, »ist für mich Legende geworden«.[70] Der liberale Reichstagsabgeordnete Ernst Müller-Meiningen, selbst Richter, behauptete, deutsche Richter verstünden von Kunst etwa so viel wie ein Elefant vom Flötenspiel und fragte sich, ob ein Mann wie Gröber, der an einer kleinen Universität studiert hatte und dann jahrelang in der Provinz beschäftigt gewesen war, überhaupt in der Lage sei, in schwierigen Fällen feine Unterscheidungen zu treffen.[71] Zweifelsohne waren diese Befürchtungen übertrieben. Wahrscheinlich waren die meisten deutschen Richter einigermaßen immun gegen äußere Beeinflussung, und manche, wie diejenigen, die Richard Dehmel im März 1900 freisprachen,[72] verfügten über ein differenziertes Urteil in Sachen Kunst und Literatur.

---

68 Geh. Staatsarchiv, München, MA 76 787: Bayr. Justizminister v. Leonrod an Kultusminister v. Landmann, 25. März 1900.

69 *Die öffentliche Sittenlosigkeit,* S. 6-7.

70 Staatsarchiv f. München, München, Pol. Dir. 24b 18/127: Polizeibericht, 8. März; *Münchener Neueste Nachrichten,* 18. April 1900, Nr. 180.

71 RT, Verhandlungen Bd. 169, 7. Feb. 1900, 3928.

72 H. H. Houben, *Die verbotene Literatur von der klassischen Zeit bis zur Gegenwart,* Berlin 1924, I, S. 126-8.

Aber in der Atmosphäre von 1900 fürchteten viele, unter ihnen auch Juristen, das Schlimmste.

In der Praxis wären die Auswirkungen des § 184a auf die *fin-de-siècle*-Kunst und -Satire unterschiedlich gewesen. Obwohl Bilder wie Böcklins *Spiel der Wellen*, Stucks *Die Sünde*, Slevogts *Danë*, viele von Klingers Gemälden, Drucken und sogar Skulpturen oder das in Deutschland immer bekannter werdende Werk von Edvard Munch für viele Zeitgenossen äußerst anstößig waren, hätte der Wortlaut des Gesetzes dafür gesorgt, daß Werke in Museen, Ausstellungshallen und Galerien geschützt gewesen wären. Aber Kunst im öffentlichen Raum wäre gefährdet gewesen; tatsächlich wurde sogar Begas wegen einer am Berliner Schloßplatz ausgestellten weiblichen Figur angegriffen, die »dem Beschauer den am wenigsten edlen Körperteil unbedeckt zukehrt«.[73] Die kommerziellen Ausstellungen von Reproduktionen, mittlerweile eine Haupteinnahmequelle für Künstler, wären mit Sicherheit in Gefahr gewesen, und bewußt provozierende und gewagte Zeitschriften wie die *Jugend* und der *Simplicissimus* hätten mit ihrer Vernichtung rechnen müssen.

Nach einer Erklärung des Vereins Berliner Presse gegen den Kunst- und Theaterparagraphen am 28. Februar 1900[74] gewann die Protestbewegung an Schwung; in Berlin und anderen Städten fanden große und teilweise chaotische öffentliche Versammlungen statt. Endlich sähen die Intellektuellen der politischen Realität ins Gesicht, auch wenn sie die Technik der Massenagitation noch nicht beherrschten, schrieb der sozialistische *Vorwärts*.[75] (*Die Neue Zeit* meinte gar, daß es deren politisches Bewußtsein schärfen würde, wenn die Lex Heinze Gesetz würde).[76] In München, dessen kultureller Ruf eng mit künstlerischer Freiheit verbunden war, war die Kampagne besonders lebhaft und wurde von vier wohlbekannten Libertären geführt: von Georg Hirth, von dem na-

73 K.F. Jordan, »Der Einfluss der Kunst auf die sittlich-religiöse Entwicklung Deutschlands«, in Weber, *Geschichte der sittlich-religiösen und socialen Entwicklung*, S. 89.

74 Geh. Staatsarchiv München, MA 76 787.

75 *Vorwärts*, 13. März 1900, Nr. 60.

76 XVIII/1 (7. März 1900), 737-40: »Die Revolte der Künstler«.

turalistischen Schriftsteller und Mitherausgeber der *Gesellschaft*, Michael Georg Conrad, dem freisinnigen Parlamentarier Ernst Müller-Meiningen und dem gebildeten bayrischen Sozialistenführer Georg von Vollmar, der eine besondere Rolle in der letzten parlamentarischen Schlacht gegen den Entwurf spielen sollte. Am 15. März, eine Woche nachdem die große Versammlung im Bürgerbräukeller einen Protest gegen das »Lügengesetz« an den Reichstag abgeschickt hatte, wurde in München (andere Städte folgten bald darauf) eine Gesellschaft zur Verteidigung der Redefreiheit gegründet: der Goethebund.[77] (Die halbherzige Verehrung der Katholiken für Goethe war schon vorher durch die Weigerung des Zentrumsabgeordneten Schädler aufgefallen, die Finanzierung eines entsprechenden Denkmals in Straßburg zu unterstützen.[78]) Die Münchner Gruppe wurde von Leuten des Establishments wie Lenbach, Paul Heyse und Hermann von Lingg angeführt; im Exekutivkomitee allerdings saßen jüngere und radikalere: der Bühnendirektor Otto Falckenberg, Korfiz Holm, der die Angelegenheiten des Goethebunds von den Büros des *Simplicissimus* aus leitete, sowie Max Halbe, dessen erfolgreiches Stück über verlorene Jugendliebe den Jugendzensor und die katholische Kirche auf den Plan gerufen hatte.

Als der Goethebund gegründet war, schienen mit einem Mal die Aussichten auf eine Niederschlagung der Lex Heinze im Parlament günstiger. Dies lag hauptsächlich daran, daß einige der nationalliberalen Unterstützer des Entwurfs während der dritten Lesung aus Protest gegen die Streichung einiger Prostitutionsparagraphen die Fronten wechselten und die Sozialisten die Beratungen systematisch blockierten. Obwohl die SPD-Führung nicht begeistert war, die »Obstruktionspolitik« anzuwenden, ja sogar einen Staatsstreich fürchtete, stützte sich diese Politik auf eine wörtliche Interpretation der prozeduralen Vorschriften und auf die geringe Präsenz, insbesondere während der Lex-Heinze-Debatten; und so

77 Staatsarchiv f. München, München, Pol. Dir. 24a I 100/3315: Max Halbe an Pol.-Direktion, 15. März 1900.

78 B. von Bülow, *Denkwürdigkeiten I*, Berlin 1930, S. 355.

war es am Ende der Absentismus auf Seiten der Rechten, der es der Opposition ermöglichte, die Pro-Lex-Heinze-Fraktion kaltzustellen. Um den Reichshaushalt beschließen zu können, wurde der Entwurf am Nachmittag des 17. März, begleitet von tumultuösen Szenen, von der Tagesordnung genommen und auf die Zeit nach Ostern verschoben.[79]

In der Zwischenzeit sammelte die Protestbewegung neue Kräfte. Ihre Breite zeigte sich anläßlich einer Petition, die in eine gut besuchte Versammlung im Berliner Rathaus am 25. März eingebracht wurde. Naturgemäß kamen viele der Unterzeichnenden von der Kunst her: Corinth, Klinger, Leistikow, Liebermann, Menzel, Slevogt, Hans Thoma, Fritz Overbeck und Otto Modersohn; Ferdinand Avenarius, Alfred Lichtwark und Siegfried Wagner; Schriftsteller wie Friedrich Spielhagen, Halbe oder Hauptmann. Führende Namen kamen auch aus dem deutschen Verlagswesen: Cotta, Reclam, Brockhaus, Fischer, Hanfstängl; die liberalen Journalisten Leopold Sonnemann von der *Frankfurter Zeitung* und Friedrich Dernburg vom *Berliner Tageblatt* sowie der Pressemagnat Rudolf Mosse. Eine große Gruppe von Theaterregisseuren repräsentierte nicht nur die progressiven Berliner Theater, sondern auch die Hofbühnen von München, Dresden und Stuttgart. Lujo Brentano, Veit Valentin, Werner Sombart, Karl Lamprecht, Rudolf Virchow, der Kunsthistoriker Richard Muther und die Juristen Karl Binding und Franz von Liszt waren unter den akademischen Unterstützern. Schließlich waren auch Namen vertreten, die keine direkte Beziehung zur Kunst hatten: Berlins Oberbürgermeister Martin Kirschner, der Reeder (und Freund Wilhelms II.) Albert Ballin, die Hamburger Firmen Carl Woermann und Blohm & Voss sowie Emil Rathenau von der AEG.[80]

Ein Gegner der Lex Heinze, der seine Unterschrift nicht auf die Liste setzen konnte, war Deutschlands achtzigjähriger Reichskanzler Prinz Chlodwig zu Hohenlohe-Schillingsfürst. Er befürwor-

---

79 RT, Verhandlungen Bd. 170, 4788.

80 *Reden, gehalten im Festsaale des Berliner Rathauses, 25. März 1900,* Berlin 1900, Anhang.

tete ein pragmatisches Vorgehen in Sachen Moral und war der Ansicht, daß »es ein krankhafter Zug unserer Zeit ist, die Menschen durch Strafgesetze tugendhaft machen zu wollen«.[81] Er war auch sehr aufgeschlossen gegenüber moderner Kultur, sah sich Hauptmanns Stücke in der *Freien Bühne* an, schätzte Zola und genoß 1899 sichtlich die erste Ausstellung der Berliner Sezession.[82] Er machte sich ernsthafte Sorgen um den § 184a und teilte dem bayerischen Botschafter mit, daß er der Wiederaufnahme der Lex Heinze nur deshalb zugestimmt habe, weil man ihm versichert hätte, daß sie abgelehnt würde.[83] Früher bereits sagte er in Bezug auf seine Schwester, Prinzessin Elise zu Salm-Horstmar, und ähnliche Moralapostel, daß er den Einfluß von »Pastoren und anderen Frommen nach der Art der Tante E.« verurteile: »Mit solchen Leuten, die jeden Tag mit Christus und den Aposteln lunchen [sic] und mit Gottvater dinieren, ist nicht zu diskutieren«.[84]

Sie waren aber mehr als eine bloße Irritation. Hohenlohes gesamte Kanzlerzeit war durch ständige Einmischungen von Seiten des Kaisers überschattet gewesen, so daß er Mitte Februar 1900 fürchtete, die Prinzessin und ihre Freunde könnten eine Krise herbeiführen, indem sie Wilhelm dazu verleiteten, der Regierung die extremste Fassung des Gesetzesentwurfs aufzuzwingen. Außerdem klagte er sie an, sie versuche »mir den Kaiser und die Kaiserin auf den Hals zu hetzen, und mir die ganze fromme Clique von Berlin rebellisch zu machen«.[85] Diese Ansichten waren keineswegs geheim, und am 17. März lobte Hohenlohes Sohn, Prinz Alexander, Vollmars Rede gegen den Gesetzesentwurf im Reichstag und erklärte, daß er selbst dagegen stimmen werde.[86]

Die letzte Phase der Geschichte der Lex Heinze schloß mit einer Antiklimax. Viele erwarteten gar nicht mehr, daß sie nach

81 »Unzeitgemässe Betrachtungen zur Lex Heinze«, in K.A. v. Müller (Hg.), *Denkwürdigkeiten der Reichskanzlerzeit,* Stuttgart 1931, S. 560.

82 Paret, *Die Berliner Sezession,* Berlin 1981, S. 123.

83 Geh. Staatsarchiv, München, MA 76 787: Lerchenfeld an Crailsheim, 25. März 1900.

84 *Denkwürdigkeiten,* S. 527.

85 Ibid., S. 562-3.

86 RT, Verhandlungen Bd. 170, 4782-3.

Ostern wieder aufgenommen würde, und der Regierung war sehr viel mehr an der Sicherung des Flottengesetzes gelegen. Die Anwälte des Zentrums wollten sich aber um keinen Preis der Obstruktion beugen, während seine Führer wahrscheinlich hofften, jene Mitglieder, insbesondere Roeren, Gröber und die Bayern zu beschwichtigen, die immer noch gegen die Flottengesetzgebung waren. So begann die Debatte erneut am 17. Mai, um nach nur drei Tagen Filibusterei wieder eingestellt zu werden. Schließlich brachten Allparteiengespräche im lange nicht benutzten Seniorenkonvent des Reichstags eine verwässerte Fassung des Entwurfs zustande, die vom Vorsitzenden des Zentrums, Graf Hompesch, eingebracht wurde. Während man den Theaterparagraphen ganz gestrichen hatte, wurde aus dem § 184a eine simple Verfügung, die den Verkauf von unanständigem Material an Jugendliche unter 16 Jahren verbot; dies war vermutlich die harmloseste Auslegung der Formel »ohne unzüchtig zu sein«, die man unter diesen Umständen finden konnte. Am 22. Mai wurde der Hompesch-Kompromiß rasch in allen Instanzen verabschiedet, wobei nur die linken Liberalen und die SPD opponierten. Am 25. Juni 1900 schließlich wurde er zum Gesetz.[87]

Die Episode der Lex Heinze war nicht nur aufsehenerregend, sondern auch wichtig. Es stimmt wohl, daß, von wenigen Ausnahmen abgesehen, die Goethebund-Bewegung rasch erlosch. Zyniker sahen in der Protestkampagne nichts als einen Vorwand, um sich in lautstarker Rhetorik bierseliger Selbstbestätigung zu ergehen.[88] Aber anders als andere Protestbewegungen der Zeit – etwa gegen die klerikale Ablehnung des bayrischen Kunstbudgets im Jahr 1890, gegen angebliche Grausamkeiten der Briten gegen die Buren 1900 und gegen die zaristische Repression 1905 –, deren führende Persönlichkeiten oft dieselben waren und die die öffentliche Meinung für eine Weile aufrüttelten, ohne eine langfristige Wirkung

87 Siehe RT, Verhandlungen Bd. 171, 5691 ff.; Geh. Staatsarchiv, München, MA 95 981: Lerchenfeld an Crailsheim, 22. u. 25. Mai 1900; *Reichsgesetzblatt* 1900, S. 301.
88 Siehe z. B. J. Ruederer, »Los von Berlin«, *Der Tag*, 27. Okt. 1901.

zu haben, wehrte die Anti-Lex-Heinze-Kampagne tatsächlich eine reaktionäre Bedrohung ab. Zusammen mit der Ablehnung der Umsturz- und Zuchthausvorlagen war dies eine gewaltige Bekräftigung von liberalen Rechtsprinzipien gegen diktatorische Drohungen von oben und gegen populistische Intoleranz von unten.

Die Kontroverse zeigte auch auf sehr moderne Weise, welche Probleme emotional-moralische Fragen für die Regierung aufwerfen konnten. Die von München inspirierte Formulierung des § 184a wurde schließlich für die bayerische Regierung zur politischen Zeitbombe. Im Frühjahr 1900 befanden sich die Minister in einer dreifachen Zwickmühle zwischen der starken und militanten, pro-Lex-Heinze eingestellten Zentrumsfraktion im Landtag, die von der Regierung wegen langfristiger politischer Gründe zufriedengestellt werden mußte; der starken Münchener Künstlergemeinschaft mit ihrer Presse sowie parlamentarischen Unterstützern; und dem kunstliebenden Prinzregenten Luitpold, der um den Ruf seiner Hauptstadt als *Kunststadt* besorgt war. Diese Situation wiederholte sich später bei anderen Fragen noch einige Male (Kontrolle des *Simplicissimus*, Theaterzensur, Anti-Pornographiemaßnahmen) bis zum Antritt der von Georg von Hertling geführten zentrumsorientierten Regierung 1912 und hinterließ bei den Verantwortlichen eine bleibende Aversion gegen jede Kulturgesetzgebung. Auf Reichsebene drohte an der Schwelle zur Weltpolitik die Lex-Heinze-Affäre sowohl Deutschlands Bildungsbürgertum, als auch die deutschen Katholiken vor den Kopf zu stoßen, und dies zu einem Zeitpunkt, als die Notwendigkeit der Kooperation mit dem Zentrum zu einer Tatsache des politischen Lebens geworden war. Deshalb sollte man auch in Berlin zurückhaltender werden, was umstrittene Manipulationen am Strafrecht anging.

Fragen der Moral und der Ausdrucksfreiheit tauchten auch bei den machtpolitischen Manövern innerhalb der wilhelminischen Parteien und zwischen ihnen auf. Obschon die Lex Heinze bereits um 1900 eine Peinlichkeit für die zunehmend weltlich orientierte bürgerliche Führung der Zentrumspartei darstellte, bildete der Konsens angesichts der Gefahren der modernen Kultur zweifellos eine hilfreiche Klammer zwischen Isolationisten und Pragmatisten, zwischen der ländlichen und kleinstädtischen Basis und ihren gebildeten höheren Rängen.[89] Im gegnerischen Lager konnten die Liberalen, um von ihrer eigenen Zerrissenheit abzulenken, auf den Kampf gegen die »Kulturbarbarei« hinweisen; und als ihre Wahlergebnisse sich verschlechterten, zur Rechtfertigung für die Fortexistenz des Liberalismus, auf den Aufstieg von Massenbewegungen wie denen des politischen Katholizismus, der Sozialdemokratie und des demagogischen Konservatismus. Aufgrund der föderalen Struktur des Kaiserreichs wurden kulturelle Fragen in den einzelnen Staaten ausgefochten, wo sie auch politisch ausgeschlachtet werden konnten. In Bayern beispielsweise, wo die konservativen Führer des Zentrums sich anschickten, Teil der herrschenden Elite zu werden, stärkten, bei gleichzeitiger Marginalisierung der populistischen Radikalen, Proteste gegen »exzessive« Kulturausgaben und Forderungen nach einem Einschreiten gegen Pornographie, Satire und Zügellosigkeit auf der Bühne die Einheit der Partei und dienten auch dazu, Druck auf die Minister auszuüben, was eine Kooperation auf anderen Gebieten nicht ausschloß. Umgekehrt bot ein neuer »Kulturkampf« für die Liberalen die Ablenkung von unliebsamen politischen Realitäten, war doch ihre parlamentarische Stärke zwischen 1887 und 1905 von 71 auf 22 Sitze gesunken.[90] Für sie und ihre Verbündeten wie Hirth und Münchens politisierte Künstler und Schriftsteller, rechtfertigte die »ultramontane« Bedrohung der Kultur den Widerstand gegen demokratische Reformen, welche das politische Gewicht der katholischen Bauern sicher erhöht hätte; Leute, für die »die Mahlerei schon eine Kunzt ist, haber plos bis zun Nahbl. Untern Nahbl ist es eine Sauerei, indem es dort geschlächtlich ist«, wie es Josef Filser sagte, der fiktive ländliche Abgeordnete,

89 Siehe D. Blackbourn, *Populists and Patricians. Essays in Modern German History*, London 1987, Kap. VII, VIII, IX.

90 A. Schnorbus, »Wirtschaft und Gesellschaft in Bayern vor dem Ersten Weltkrieg«, in K. Bosl (Hg.), *Bayern im Umbruch. Die Revolution von 1918, ihre Voraussetzungen, ihr Verlauf und ihre Folgen*, München u. Wien 1969, S. 136; s. auch K. Möckl, *Die Prinzregentenzeit. Gesellschaft und Politik während der Ära des Prinzregenten Luitpold in Bayern*, München 1972.

den Ludwig Thoma, der (liberale) *Simplicissismus*-Redakteur, erfunden hatte.[91]

Doch der Anspruch der Liberalen, unverzichtbare Vorreiter der Freiheit zu sein, erschien immer weniger begründet. Denn schließlich hätte die Lex Heinze wohl kaum ohne die entscheidende (sowohl zahlenmäßige als auch intellektuelle) Unterstützung der Sozialdemokraten abgelehnt werden können. In der Tat zeigte die SPD in den neunziger Jahren im allgemeinen wenig Enthusiasmus für die moderne Kultur (eher war das Gegenteil der Fall), doch Männer wie Vollmar und Wolfgang Heine verteidigten sie nicht weniger wirksam als Hirth und Müller-Meiningen. »Wenn es je für den Liberalismus einen Kampfplatz gab, seine Nothwendigkeit und sein Recht zu beweisen, so war es hier«, schrieb Hans Delbrück in den *Preußischen Jahrbüchern* im Juni 1900; aber er mußte zugeben: »Kunst, Wissenschaft und Bildung haben sich in Deutschland unter die Fittiche der Sozialdemokratie flüchten müssen!«[92] In Bayern, wo Vollmars Pragmatismus feste Wurzeln hatte, blieb die SPD in vorderster Linie der Debatten über die Verteidigung des Geschworenenprozesses bis hin zur Reform des staatlichen Kunsterwerbs. Dies zeigte, daß ungeachtet der Revisionismusdebatte innerhalb der Sozialdemokratischen Partei sich Teile dieser Partei als natürliche Nachfolger des Liberalismus begriffen. Allgemein gesagt, bestätigte dies die Ansicht Delbrücks über die Lex Heinze, obwohl die Implikationen auf nationaler Ebene nur langsam sichtbar wurden: »Die Sozialdemokratie ist aus der Stellung einer reichsfeindlichen in die Stellung einer positiven Partei, einer Partei, mit der man verhandelt und zuletzt auch Kompromisse schließt, ein gut Stück weiter vorgerückt.«

Die Ablehnung der Lex Heinze machte es weniger wahrscheinlich, daß Aktmalerei und (sanfte) Erotik vom Gesetz verfolgt wurden. Besonders die Sezession und ihre Ableger produzierten diese in großer Zahl, aber auch radikalere Gruppen wie *Die Brücke*. Einige Künstler beriefen sich auf die fast magische Macht des Künst-

---

91 L. Thoma, *Gesammelte Werke in sechs Bänden,* München 1968, IV, S. 457.

92 c/3: »Die Beseitigung der Lex Heinze als Verdienst der Sozialdemokratie«, S. 571.

lers, erregende Bilder zu schaffen. Lovis Corinth teilte im August 1900 einem Freund mit, daß er einen Zyklus von Zeichnungen mache, »in welchen die Eva in den verschiedenen Positionen ihres Sündenfalles dargestellt ist ... Sie würden Spaß dran haben, die Lex Heinze auch.«[93] Doch solche Arbeiten waren völlig privat oder nur für eine Verbreitung unter Kennern bestimmt, wie etwa Ernst Ludwig Kirchners erotische Drucke und Zeichnungen.[94] Trotz gelegentlicher Ausstellungsskandale war die Strafverfolgung rar und beschränkte sich zumeist auf Material, das überall gefährdet gewesen wäre, wie Willi Geigers Radierungen und Franz von Bayros Illustrationen.[95] In der Zwischenzeit hatte die naturalistische Darstellung der Armut (gleichgültig, ob erotischen Inhalts oder nicht) seit Mitte der neunziger Jahre abgenommen, teils aufgrund des weniger bedrohlichen sozialen und wirtschaftlichen Klimas, teils aufgrund des Markts: einige Sammler, wie Thomas Knorr in München, der Slevogts *Danaë* kaufte, waren zwar interessiert an solchen Arbeiten, doch waren diese weit weniger beliebt als die dekorativen und unproblematischen Gemälde der Sezessionisten nach 1900. Jedenfalls wandte sich Uhde zunehmend sonnengesprenkelten Gartenszenen zu, Slevogt impressionistischen Landschaften oder Stilleben und Liebermann Nordseestränden und idyllischen Ecken im Grünen Berlins. Baluschek, dessen trostlose Rangierbahnhöfe und Fabriktorszenen ihm in den neunziger Jahren nicht viel eingebracht hatten, ging es nach 1900 als Maler von Zügen und Maschinen ganz gut, er bekam sogar Aufträge von Industriefirmen.[96] Einen noch extremeren Wandel machte Arthur (später: von) Kampf durch, dessen riesige und düstere *Die letzte Aussage* von 1886, die einen Polizisten zeigt, der einen tödlich verletzten Arbeiter verhört, aufgrund ihres heroischen Formats und

93 T. Corinth (Hg.), *Lovis Corinth. Eine Dokumentation*, Tübingen 1979, S. 61.

94 G. Schiefler, *Die Graphik Ernst Ludwig Kirchners bis 1924*, I, Berlin, ca. 1926, Nr. 319-26.

95 L. Leiss, *Kunst im Konflikt. Kunst und Künstler im Widerstreit mit der »Obrigkeit«*, Berlin u. New York 1971, S. 194-213.

96 M. Bröhan, *Hans Baluschek 1870-1935. Maler, Zeichner, Illustrator*, Berlin 1985, S. 68, 73.

des Christus-Zitats in doppelter Weise provokativ war *(Abb. 5)*. Aber Kampf wandte sich bald patriotischen Themen zu und trotz eines Zusammenstoßes mit dem Kaiser im Jahr 1903[97] erlangte er Ruhm und Reichtum durch mitreißende Darstellungen der Befreiungskriege. Die Ausnahme war Käthe Kollwitz, deren Vorkriegsdrucke und Beiträge für den *Simplicissimus* dieselben herzzerreißenden proletarischen Themen beibehielten, die sie schon zwei Jahrzehnte früher dargestellt hatte.

Die Moralapostel ihrerseits gaben den Kampf nach 1900 nicht auf, sondern verfeinerten ihre Taktik und vergrößerten ihre Organisationen, nachdem sie bemerkt hatten, daß Teile der liberalen öffentlichen Meinung mit ihren Ideen zu sympathisieren begannen. Der namhafte Erzieher Georg Kerschensteiner sprach vor einem Münchner Gericht 1911 über Franz von Bayros Zeichnungen von »Onanie, Pädrastie [sic], Sodomie, lesbische[r] Liebe und Sadismus« und sagte, »wenn wir kein Mittel finden, solchen Werken gegenüber alle Türen zu verrammeln, [gehen] wir Deutschen in sehr kurzer Zeit den Weg [...], den alle Völker einer lasciven Kunst gegangen sind: den Weg der Vernichtung.«[98] Andere angesehene Männer vom Fach, einschließlich einiger Künstler, waren bereit, Petitionen zu unterzeichnen und Artikel zu schreiben, die ähnlichen Inhalts waren. Die Aktivitäten der Kampagne reichten von der Agitation gegen den *Simplicissimus* hinter den Kulissen (betrieben von der 78jährigen Prinzessin zu Salm-Horstmar)[99] bis zu Massenkongressen und Demonstrationen wie den Protesten gegen »unanständige« Gemälde und Skulpturen in der Ausstellung des Kölner *Werkbunds* 1914:[100] dies war der letzte einer langen Reihe solcher Vorfälle seit den achtziger Jahren. Gewisse Publizisten spielten

---

97 With, *The Prussian Landeskunstkommission*, S. 110.

98 Stadtbibliothek München, Monacensia-Abt. [SB/Mon, München], Nachlaß Kerschensteiner AKM 227.

99 Geh. Staatsarchiv München, MA 94 787: Brief an Prinzregent Luitpold, 4. Dez. 1908.

100 Siehe U. Bühler, »›... jedenfalls hat das Nackte längst gewirkt, ehe die Kunst anfängt zu wirken‹. Zum Kölner Nüditäten-Streit«, in *Der westdeutsche Impuls, 1900-1914: Kunst- und Umweltgestaltung im Industriegebiet: Die deutsche Werkbund-Ausstellung Köln 1914*, Köln 1984, S. 324-30.

eine besonders prominente Rolle. Neben Hermann Roeren, der sehr aktiv war, und einer Gruppe protestantischer Kirchenleute war der Münchner Journalist Dr. Armin Kausen einer der berühmtesten; er war ein Mitbegründer des *Münchner Männervereins zur Bekämpfung der öffentlichen Unsittlichkeit* und Herausgeber der wöchentlich erscheinenden *Allgemeinen Rundschau*. Seit ihrem Erscheinen 1904 brachte sie Artikel über die Moralfrage (1908 allein erschienen 40 Artikel, 11 davon von Kausen selbst), führte Kampagnen gegen bestimmte Buchhändler und Theaterleiter und agitierte für schärfere staatliche Kontrollen. Kausen sammelte auch pornographische Produkte – »ieber Dausend Scheißlikeiden« laut Filser[101] –, unternahm unablässig Demarchen bei Parlamentariern und Ministern und wurde nie müde, moderne Kunst, Satire und Drama zu denunzieren. Die Nachricht seines plötzlichen Todes im März 1913 wurde von der Schwabinger Avantgarde mit unverhohlener Freude bejubelt: »Armin Kausens Mund ist verstummt«, ergötzte sich der anarchistische Schriftsteller Erich Mühsam, »und mit ihm die Telefonglocke der Sittenpolizei.«[102] Doch zu dieser Zeit war die konservative Regierung von Georg von Hertling (Hertling war, wie zwei weitere Minister, Mitglied im *Männerverein*), die für eine noch repressivere, sittenbetontere Atmosphäre sorgte, bereits mehr als ein Jahr im Amt. »Der Kausen ist tot«, schloß Mühsam, mußte aber hinzufügen: »Das Kausen wird leben«.

Das Drängen von Sittlichkeitsvereinen und die unleugbare Existenz einer großen internationalen Pornoindustrie blieben nicht ohne Folge. Die Behörden zensierten das Kino streng, setzten Ladenbesitzer unter Druck, gingen auf polizeilicher Ebene koordinierter vor und benutzen administrative Maßnahmen und strafrechtliche Sanktionen wie die Paragraphen 360/11, 41 und 42 RSGB.[103] Es gab auch, insbesondere in Berlin, Verfolgungen von Postkarten, die Akte von alten Meistern reproduzierten.[104] Aber

101 *Simplicissimus*, XII/52 (23. März 1908).

102 »Abschied vom Kausen«, *Kain*, III/1 (April 1913), S. 11.

103 Stark, »Pornography, society and the law«; Stieg, »The 1926 Law to Protect Youth against Trash and Dirt«.

104 Leiss, *Kunst im Konflikt*, S. 245-65.

diese Maßnahmen galten sowohl innerhalb als auch außerhalb der Sittenlobby als ungeeignet, das Problem zu lösen, besonders die massenhafte Verbreitung von Schundliteratur unter den Jugendlichen. Ab etwa 1910 gab es im Reichstag und anderen Parlamenten neuerlich Druck in Richtung auf eine Verschärfung. Aus den bereits erwähnten politischen Gründen und wegen ungelöster, grundlegender Definitionsfragen verlief der eingeschlagene Weg nicht in Richtung einer Ausdehnung des Strafgesetzbuchs, sondern einer einfachen Hinzufügung zu der *Reichsgewerbeordnung*, die das Ausstellen von jugendgefährdenden Erzeugnissen verbot. Diese wurde 1913 durch die Reichsregierung mit starker Betonung ihres beschränkten Zwecks eingeführt, »unter Wahrung der Freiheit der Presse, der Kunst und der Wissenschaft sowie der Freiheit jedes erwachsenen Menschen, sich seinen Lesestoff nach Belieben auszuwählen«.[105] Trotzdem wurde dieses sogenannte »Schaufenstergesetz«, bevor es durch den Kriegsausbruch zunichte gemacht wurde, von Künstlern als neue Lex Heinze denunziert. Erst 1926 wurde ein Reichsgesetz zum Schutze der Jugend erlassen.

Zwischen 1871 und 1914 vollzogen sich große soziale, wirtschaftliche und kulturelle Veränderungen in Deutschland. In derselben Periode behielten regionale Differenzen ihren Stellenwert, und in vieler Hinsicht vergrößerte sich die kulturelle Kluft zwischen den Großstädten und der Provinz. Die Tradition offizieller oder dynastischer Einmischung in die Kunst variierte von Staat zu Staat, und dies trifft auch, wie wir gesehen haben, auf einige wichtige Aspekte der Gesetze zu. Schlußfolgerungen über die Rede- und Ausdrucksfreiheit und ihre Grenzen müssen deshalb vorsichtig formuliert werden.

Man wird die Existenz von anti-freiheitlichen Tendenzen sicher nicht leugnen können. Erstens, obwohl für die Kunst nicht direkt relevant, ist hier die staatliche Entschlossenheit, ja fast Besessenheit zu nennen, die Sozialdemokratie zu verfolgen. Diese setzte sich ununterbrochen bis zum Kriegsausbruch fort, und in der Tat

105 Bundesrat, 1913 Sitzung, Nr. 60 (20. April 1913), S. 4.

waren die Jahre 1912-1914 eine Zeit besonders harter Repression.[106] Zweitens gab es eine potentiell viel größere Bedrohung der hohen Kultur durch Antimodernismus und Intoleranz »von unten«, insbesondere vom politischen Klerikalismus. Dies spürte man deutlich in Bayern, wo Wahlrechtsreformen zu einer Stärkung des Zentrums geführt hatten und wo es seit 1912 eine strenge Theaterzensur, genaue Überwachung von Ausländern und andere Maßnahmen gab, die bei Münchens kosmopolitischen Künstlern und Intellektuellen böse Vorahnungen auslösten. Schließlich offenbarten die Sittendebatten um 1900 die verderbliche Rolle, die der Antisemitismus in den Diskursen über modernes Leben und Kultur spielte. Oft war er vermengt mit Frankophobie – vor allem in der posthumen Verunglimpfung des in Paris weilenden »literarischen Banditen« Heinrich Heine[107] – und wurde von Autoren benutzt, die mit den Sittenvereinen in Verbindung standen, so von Stoecker und seinen Kollegen im Parlament bis hinunter zu Rowdies und Gossenjournalisten. Er überdauerte die ganze Kaiserzeit hinter einer Fassade der Respektabilität, die ihm von marktgängigen Kulturkritikern wie Langbehn und Chamberlain verliehen wurde, und sah sich am Ende mit Attacken gegen »negroide« und »Irrenhaus«-Kunst verbunden.

So bedenklich diese Tendenzen auch waren, so unwahrscheinlich ist es, daß sie sich von sich aus zu einer kulturellen Reaktion und totalitären Repression großen Maßstabs entwickelt hätten. Das Desaster, das schließlich doch eintrat, war das Ergebnis des Krieges und der langanhaltenden politischen und ökonomischen Krise in den beiden Jahrzehnten nach 1914. Im Vorkriegsdeutschland hingegen war eine Tendenz der Modernisierung zu erkennen: weg vom alten obrigkeitsstaatlichen System, unter dem theoretisch jede Publikation in jedem Bauchladen eines Straßenhändlers hätte untersucht und registriert werden müssen, hin zu der Situation des späten 20. Jahrhunderts, in der der Staat, soweit es Erwachsene betrifft, nur symbolische Abstecher in den Ozean der

106 Goldstein, *Political Repression in 19th-Century Europe*, S. 322ff.
107 Weber, *Der Gegensatz des deutschen und des französischen Volksgeistes*, S. 96.

Medienbilder unternimmt. Dies war weniger eine Konsequenz bewußt libertärer Politik als vielmehr der praktischen Schwierigkeit, den Umfang des Materials zu kontrollieren, der in Deutschland und international seit dem 19. Jahrhundert produziert wurde. Wie wir gesehen haben, rief dies die wütenden Reaktionen hervor, mit denen der Kaiser gelegentlich in Verbindung gebracht wurde. Aber die daraus resultierenden Spannungen in dieser entscheidenden Übergangszeit von 1890 bis 1914 trugen möglicherweise zu der vibrierenden kulturellen Atmosphäre bei, die einen Historiker dazu veranlaßt hat, das wilhelminische Deutschland als »die modernistische Nation *par excellence*« zu bezeichnen.[108] Modern war auch die Tatsache, daß um 1900 der Markt zur hauptsächlichen kulturellen Regulierungsinstanz geworden war. Aus diesem Grund konnte es sich zum Beispiel der *Simplicissimus* nicht leisten, für die Angelegenheiten von Minderheiten wie den Feminismus oder den Pazifismus einzutreten, und das Aus drohte ihm eher durch einen Abonnentenrückgang als durch staatliche Gängelung. Avantgardekünstler, gleichgültig ob Naturalisten oder Expressionisten, waren mehr um den Verkauf ihrer Bilder besorgt als um mögliche polizeiliche Einmischung und ganz selten nur um kaiserliche Mißbilligung. In dieser Hinsicht war Deutschland sicherlich »vorausweisend«, hin bis zu einer offenen, pluralistischen und marktorientierten Gesellschaft. Das nächste Kapitel wird zeigen, daß bis 1919 das Marktsystem dank ausländischer Hilfe groß, vielfältig und wohlhabend genug geworden war, um eine außergewöhnliche Anzahl von Talenten zu unterstützen.

---

108 M. Eksteins, »When Death was young ...: Germany, modernism and the Great War«, in R. Bullen et al. (Hg.), *Ideas into Politics. Aspects of European History 1880-1950*, London, Sydney u. Totowa, N.J. 1984, S. 30.

II

Malerei, Mäzenatentum und der Kunstmarkt

> »In unserer Zeit ist seit kurzem ein lebhafter Sinn für Malerei und bildliche Darstellungen erwacht. Eine wahre Völkerwanderung von Bildern bedeckt die Landstraßen. In allen größeren Städten werden Ausstellungen veranstaltet, haben sich Kunstvereine gebildet; Gemälde werden für einen geringen jährlichen Betrag durch Verlosung in alle Winde gesät, die Kunst- und Buchhändler geben Prachtwerke mit Stahlstichen, Pfennigmagazine mit Holzschnitten zu den billigsten Preisen heraus, die reißenden Abgang finden.«[1]

Diese Worte, 1839 von dem Dramatiker und Chronisten der Düsseldorfer Künstlergemeinde, Friedrich von Uechtritz, geschrieben, zeugen von der Existenz eines lebendigen Markts für zeitgenössische Kunst in Deutschland mehr als drei Jahrzehnte vor Beginn des Bismarckreichs. Seine Entstehung und Entwicklung ist bekannt. Illustrierte Handbücher und Almanache waren bereits vor 1800 sehr gefragt, und die Kenntnis von Kunst wurde zu einem erstrebenswerten Ideal der Mittelklasse.[2] Wie Uechtritz' Worte weiter deutlich machen, spielten später die Kunstvereine eine wichtige Rolle; dies waren Gesellschaften vor allem von Kunstliebhabern, die sich nach 1815 überall in Mitteleuropa ausbreiteten. Da offizielle, von der Akademie unterstützte Salons selten waren, erfüllten die Kunstvereine eine lebenswichtige Funk-

1 F. v. Uechtritz, *Blicke in das Düsseldorfer Kunst- und Künstlerleben*, I, Düsseldorf 1839, S. 3.

2 G. Rudolph, »Druckgraphik in Düsseldorf, 1800-1860«, in E. Trier (Hg.), *Zweihundert Jahre Kunstakademie Düsseldorf*, Düsseldorf 1973, S. 109-20.

tion dadurch, daß sie Ausstellungen organisierten, die oft von überregionaler Bedeutung waren und zum Kauf von Bildern anregten. Wichtig war auch ihre Rolle bei der Schaffung öffentlicher Sammlungen von (hauptsächlich) zeitgenössischer Kunst; zum Beispiel die Galerien in Leipzig (1848) und Hamburg (1850) – der Kern der späteren Kunsthalle –, die der Eröffnung von Bayerns Neuer Pinakothek in München 1853 um einiges vorausgingen.[3] Schließlich stimulierten ihre Aktivitäten die Veröffentlichung illustrierter Bücher und Kunstzeitschriften, die dasselbe populäre, nationalistische Ethos besaßen wie die Vereine.

Neben der bahnbrechenden Rolle der Kunstvereine führten bis 1914 zwei weitere Entwicklungen zur Bildung eines modernen, national und international integrierten Kunstmarkts. Von 1850 an begannen Künstler, ihre eigenen kommerziellen Publikationsorgane zu schaffen, und in den folgenden Jahrzehnten wurden zunehmend größere lokale, nationale und sogar internationale Ausstellungen in den Kunstzentren organisiert. Verbesserte Kommunikationsmöglichkeiten und die wachsende ökonomische Integration in Mitteleuropa stimulierten den Kunsthandel nach der Jahrhundertmitte, und um 1900 wurde ein großer Teil der Verkäufe von Galeristen getätigt, deren Dienste für eine Künstlerkarriere nun immer wichtiger wurden. Die Familien- und Satiremagazine, Illustrierten und anderen Druckerzeugnisse, von denen bereits die Rede war, ernährten einen ganzen Berufsstand von Graphikern und trugen zur Entstehung einer visuell anspruchsvollen Gesellschaft bei – ein Prozeß, der weitgehend marktgesteuert war, sich aber nach der Jahrhundertwende auch systematisch aus der Kunsterziehungsbewegung heraus entwickelte.[4] Die Ergebnisse dieses Prozesses wurden immer mehr von Herstellern übernommen,

---

3 Siehe W. Teupfer (Hg.), *Kunst und ihre Sammlung in Leipzig. Festschrift zum 100-jährigen Jubiläum des Leipziger Kunstvereins und Museums der bildenden Künste,* Leipzig 1937; V. Plagemann, »Die Anfänge der Hamburger Kunstsammlungen und die erste Kunsthalle«, *Jahrbuch der Hamburger Kunstsammlungen,* XI (1966), S. 61-88. Für diesen Zweck gebaute Museumsgebäude gab es in Leipzig und Hamburg erst 1858 bzw. 1869.

4 Siehe z. B. *Kunsterziehung. Ergebnisse und Anregungen des Kunsterziehungstages in Dresden am 28. und 29. September 1901;* vgl. auch die Schriften Alfred Lichtwarks.

und sowohl Industriegiganten wie die AEG, die im Jahre 1906 Peter Behrens zu ihrem Gestaltungsberater machte,[5] als auch mittelgroße Unternehmen wie die Keksfirma Bahlsen in Hannover[6] statteten ihre Produkte, ihre Werbung und ihre Gebäude mit einem unverkennbaren Stil aus. Solche modernen, kommerziell innovativen Firmen waren schließlich charakteristisch für Deutschlands fortgeschrittene Industrie, deren Erfolg die Nachfrage für Luxusgüter aller Art, einschließlich von Kunstwerken, schuf.

In scharfem Gegensatz zu Großbritannien und Frankreich war die Kunstproduktion in Deutschland auf mehrere Hauptzentren verteilt, deren relative Bedeutung sich im Jahrhundert nach den Napoleonischen Kriegen stark veränderte. Bis 1850 dominierte Düsseldorf mit seiner von Wilhelm Schadow geleiteten Akademie, seinem bedeutenden Kunstverein und seiner Verbindung zum amerikanischen Markt; dazu kam, daß seine liberalen jüngeren Maler in den vierziger und fünfziger Jahren die Bewegung für eine deutsche Nationalgalerie und eine großdeutsche nationale Künstlervereinigung anführten.[7] Später ging die Führungsrolle an München, dank der von Karl Piloty geführten hervorragenden Akademie, seiner Gemeinschaft von russischen, osteuropäischen, skandinavischen und amerikanischen Künstlern und seiner starken Bindung an Frankreich. (Sowohl vor als auch nach 1871 waren die franko-bajuwarischen Kulturkontakte enger als die zwischen Paris und Berlin.) Allen Untergangsprophezeihungen zum Trotz blieb die bayrische Hauptstadt bis zum ersten Weltkrieg ein Zentrum der Ausbildung, der Malerei und des Kunstexports.[8] Seit den achtziger Jahren kamen jedoch auch in Berlin Kunsthändler, Zeitschriften, Ausstellungsräume und Kunstschulen auf, und der enorme Reichtum der Stadt (1908 erbrachte sie ein Achtel von

5 Siehe T. Buddensieg & H. Rogge (Hg.), *Industriekultur: Peter Behrens und die A.E.G., 1907-14*, Berlin 1979.

6 R. Joppen, »Die Hannoversche Keksfabrik Hermann Bahlsen auf der Werkbundausstellung«, in *Der westdeutsche Impuls, 1900-1914: Kunst- und Umweltgestaltung im Industriegebiet: Die deutsche Werkbund-Ausstellung: Köln 1914*, Köln 1984, S. 216-26.

7 Siehe *Die Düsseldorfer Malerschule*, Düsseldorf 1979.

8 Siehe *Die Münchener Schule, 1850-1914*, München 1979; und Kap. 3.

Preußens gesamtem zu versteuerndem Einkommen[9]) sowie ihre dynamische Atmosphäre begannen Künstler aus ganz Deutschland anzuziehen, wodurch sich ihre Dominanz in den zwanziger Jahren des 20. Jahrhunderts ankündigte.[10] Es gab aber noch andere wichtige Zentren. Dresden war in der romantischen Ära bedeutend, stagnierte dann aber über Jahrzehnte, erlebte eine Wiederbelebung in den neunziger Jahren und wurde zum Brennpunkt für die moderne Bewegung der angewandten Kunst[11]; darin folgten ihm Stuttgart, Karlsruhe, Darmstadt und Hannover. 1914 hatten sich das Rheinland und der industrielle Nordosten als starke Märkte etabliert, und durch die Galerie Flechtheim in Düsseldorf und Organisationen wie den Sonderbund bildeten sie eine Brücke zwischen französischer und deutscher Moderne.[12]

Obwohl die einzelnen Zentren ihre historisch gewachsenen Identitäten behielten, entwickelten sich in der zweiten Hälfte des Jahrhunderts dank dem Wachstum des deutschen Eisenbahnsystems seit den vierziger Jahren und der Verbesserung internationaler und interkontinentaler Verbindungen schnell überregionale Märkte. Diese Revolution in den Transportmitteln beeinflußte die Kunst wahrscheinlich genauso stark wie zeitgenössische Verbesserungen im Material und in der Reproduktionstechnik. Nach dem Abbau rechtlicher Barrieren erleichterte die Eisenbahn die Kooperation zwischen Künstlerbünden in ganz Mitteleuropa, wodurch ein ausgedehntes Ausstellungsnetzwerk entstand. Zwischen 1842 und 1844 wurden zwei große und einflußreiche Bilder der beiden Belgier Gallait und Bièfve, deren jedes mehr als 190 Kilo wog, in

---

9 *Berlin und die Berliner,* S. 145.

10 Siehe N. Teeuwisse, *Vom Salon zur Secession. Berliner Kunstleben zwischen Tradition und Aufbruch zur Moderne 1871-1900,* Berlin 1986; auch J. Boberg, T. Fichter, E. Gillen (Hg.), *Industriekultur in Berlin im 19. Jahrhundert: Exerzierfeld der Moderne & Die Metropole,* München 1984 & 1986; J. H. Zammito, »Der Streit um die Berliner Kultur 1871 bis 1930«, *Jahrbuch f. die Geschichte Mittel- und Ostdeutschlands,* XXXV (1986), S. 234-68.

11 Siehe P. Schumann, *Dresden,* Leipzig 1909; K. Woermann, *Lebenserinnerungen eines Achtzigjährigen,* II, Leipzig 1924.

12 Siehe die sechsbändige Reihe *Der westdeutsche Impuls, 1900-1914: Kunst- und Umweltgestaltung im Industriegebiet,* Köln, Essen, Düsseldorf, Hagen, Krefeld, Wuppertal 1984.

vielen deutschen Städten und in Wien gezeigt.[13] Im Jahr 1846, also lange vor den bekannten internationalen Salons von München in den sechziger Jahren, umfaßten die 482 im Hamburger Kunstverein ausgestellten Objekte nicht nur Arbeiten aus Wien und allen großen deutschen Kunstzentren, sondern auch aus Paris, Genf und den Niederlanden.[14] Später verbanden Züge die Städte mit den Künstlerkolonien auf dem Land und an der Küste und brachten Käufer, Händler, Künstler und ihre Werke von einem europäischen Markt zum nächsten. In den vierziger Jahren transportierten Dampfschiffe Bilder von Düsseldorf nach New York, in den sechzigern von München nach Australien und vor dem ersten Weltkrieg die Künstler selbst nach Afrika und in die Südsee. Zu dieser Zeit war Deutschland Teil einer internationalen Kunstwelt, die größer und zugänglicher war als je zuvor und – aufgrund des Krieges – auch in den Jahrzehnten danach. Wie wir sehen werden, war dies vor allem für die Etablierung der deutschen Avantgarde vor 1914 wichtig. (Diese Kunstwelt ermöglichte es auch umstrittenen Künstlern aus Ländern, die weniger entwickelte Märkte besaßen, ihr Einkommen aus deutschen Verkäufen zu beziehen, wie das Beispiel Edvard Munchs zeigt.)

Vor 1918 trug das königliche Mäzenatentum soviel zum kulturellen Leben Deutschlands bei, daß der Kunsthallendirektor Alfred Lichtwark es auf Hamburg zu übertragen versuchte.[15] Kaiser Wilhelm II. setzte eine Tradition der Hohenzollern fort, die auf den Großen Kurfürsten zurückging, die Tradition, erhebliche Summen für Monumentalprojekte auszugeben, was zur massiven Expansion der Berliner Museen nach 1871 beitrug.[16] Andere Fürsten gaben große Summen aus für Malerei und Skulptur, für Archi-

---

13 Vgl. Schoch, »Die belgischen Bilder«.

14 Warburg Institute, London: *Verzeichnis der 10ten vom Hamburger Kunstvereine veranstalteten Kunst-Ausstellung in den Sälen der Börsen-Arkaden,* Hamburg 1846.

15 *Alfred Lichtwarks Briefe an die Kommission für die Verwaltung der Kunsthalle,* hg. v. G. Pauli, ii, Hamburg 1924, 89-90.

16 Teeuwisse, *Vom Salon zur Secession,* S. 155-61; W. Feldenkirchen, »Staatliche Kunstfinanzierung im 19. Jahrhundert«, in E. Mai, H. Pohl & S. Waetzoldt (Hg.), *Kunstpolitik und Kunstförderung im Kaiserreich: Kunst im Wandel der Sozial- und Wirtschaftsgeschichte. Kunst, Kultur und Politik im Kaiserreich,* II, Berlin 1982, S. 35-54.

tektur, Musik und Theater, und dies sowohl routinemäßig als auch zu speziellen Anlässen und Unternehmungen, wie der Wagneroper, der Meininger Theatergruppe oder der Darmstädter Künstlerkolonie. Ihre Motive reichten von der traditonellen dynastischen Selbstglorifizierung und dem Wunsch, lokale Industrien zu fördern, bis hin zu politischem Kummer, wie er Ludwig II. von Bayern zu seinen außergewöhnlichen Schloßbauten trieb und wie er vermutlich, wenngleich in abgeschwächter Form, nach 1871 auch von anderen Fürsten geteilt wurde.[17] Deutschlands Großherzöge und die Könige von Sachsen und Württemberg unterstützten in ihren Territorien die Kunst auf praktische Weise. Prinz Rupprecht, der Enkel des Prinzregenten Luitpold von Bayern, war ein Freund von führenden Künstlern und nutzte sein vielfältiges Wissen und seinen Einfluß, um die Finanzierung einer Reihe von Münchner Vorhaben zu fördern.[18]

Doch der Fall der Wittelsbacher zeigt, wie sich der Kontext des königlichen Mäzenatentums veränderte. In der ersten Hälfte des 19. Jahrhunderts hatte Ludwig I. bombastische Pläne finanziert, hatte »seine« Künstler mit Gehältern und Pensionen ausgestattet, die Kunstsammlungen erweitert und in neuen Häusern untergebracht und das äußere Erscheinungsbild seiner Hauptstadt verändert. Zwar bediente auch er sich außenstehender Berater wie Johann Georg von Dillis, verfolgte jedoch all seine Pläne mit der Bestimmtheit eines semiabsolutistischen Herrschers: »Ich, der König, bin die Kunst in München«.[19] Als er 1848 abtrat, hatte er ungefähr 11 Millionen Gulden, hauptsächlich aus eigener Tasche, ausgegeben,[20] und er setzte sein Mäzenatentum bis zu seinem Tod im Fe-

---

17 Siehe M. Petzet (Hg.), *König Ludwig II. und die Kunst,* München 1968; *Designs for the Dream King. The Castles and Palaces of Ludwig II of Bavaria,* London 1978.

18 K. Sendtner, *Rupprecht von Wittelsbach, Kronprinz von Bayern,* München 1954, Kap. 6.

19 A. Rosenberg, *Die Münchener Malerschule in ihrer Entwicklung seit 1871,* Hannover & Leipzig 1887, S. 1.

20 C. H. Heilmann, »Die Sammlung zeitgenößischer Malerei König Ludwigs I in der Neuen Pinakothek«, in W. Mittelmeier (Hg.), *Die Neue Pinakothek in München, 1843-54: Planung, Baugeschichte und Fresken. Studien zur Kunst des 19. Jahrhunderts,* XVI, München 1977, S. 123.

bruar 1868 fort. Als der Schriftsteller Viktor von Scheffel über den Rhein hinweg die Glocken aus den Dörfern der bayerischen Pfalz läuten hörte, notierte er: »Es war das Trauergeläut des Landes um seinen alten König Ludwig, an dem die deutsche Kunst ihren besten Freund verloren hat«.[21] Luitpold, Ludwigs kunstliebender Neffe und Herrscher Bayerns ab 1886, war in einer anderen Situation, und seine Position als Regent an Stelle des verrückten Königs Otto bedeutete, daß er nur über einen Teil des eigentlich zur Verfügung stehenden Fonds verfügte,[22] obgleich er regelmäßig im Kunstverein und bei den großen Ausstellungen kaufte; allein zwischen 1890 und 1894 gab er über 92 000 Mark im Münchner Glaspalast aus.[23] (Luitpold neigte auch von sich aus eher dazu, Kunstwerke nach und nach anzukaufen, statt Großprojekte zu fördern.) Ende des 19. Jahrhunderts hatten sich aber auch noch andere Änderungen vollzogen. Die Münchner Künstlergemeinde war groß und unabhängig genug, sich königlichen Plänen entgegenzustellen – etwas, was zu Zeiten Ludwigs I. undenkbar gewesen wäre – und die Dynastie hatte längst die Kraft verloren, die Entwicklung der Hauptstadt zu formen. Mitte der sechziger Jahre hatten Regierung und Bürger gemeinsam den Plan Ludwigs II. für ein Wagnerianisches Opernhaus zunichte gemacht,[24] und Münchens Expansion während der Prinzregentenzeit war das Werk privater Unternehmer, der Gemeinde und des Staats. Selbst die Löwen vor der Feldherrnhalle waren von dem Bierbrauer Matthias Pschorr bezahlt worden.[25] Als im Februar 1918 die Pläne zum Bau eines neuen großen Ausstellungskomplexes für die Zeit nach dem Krieg angekündigt wurden, kamen alle von König Ludwig III. angekündigten Mittel tatsächlich von privaten Geldgebern.[26]

---

21 *Briefe von Josef Viktor von Scheffel an Anton von Werner 1863-1886,* hg. v. A. v. Werner, Stuttgart 1915, S. 75.

22 Vgl. Möckl, *Die Prinzregentenzeit,* S. 112f., S. 183f.

23 SB/Mon, München: Künstlergenossenschaft, *Jahresberichte.*

24 H. Rall & M. Petzet, *König Ludwig II.,* München 1968, S. 5.

25 Geh. Hausarchiv, München, Prinzregent Luitpold, Kabinetts-Akten 1: Oberbürgermeister v. Borscht an [General-Adjutant v. Wiedenmann?], 4. März 1902.

26 BHSA, München, MK 14 359: Kultusminister v. Knilling an Chef des kgl. Geheim-Kabinetts, 2. Jan.; Ludwig III. an Knilling, 20. Feb. 1918.

Der Niedergang des Wittelsbacher Mäzenatentums nach Ludwigs II. Tod im Jahr 1886 fügte sich ein in eine allgemeine Tendenz zu einem eher pluralistischen System der Kunstförderung. In der Musik und im Theater machten galoppierende Preise die traditionellen königlichen Monopole oder Halbmonopole unmöglich. 1906 schluckte Münchens neues Opernhaus, das Prinzregententheater, schätzungsweise ein Fünftel der zunehmend überlasteten Zivilliste,[27] und seine angesehenen, touristenorientierten Wagnerspiele brauchten Hilfe von privaten und öffentlichen Geldgebern. Ein noch interessanteres Beispiel für das entstehende neue Modell des gemischten Mäzenatentums kam aus Hessen-Darmstadt während der Herrschaft des letzten, liberalen Großherzogs Ernst Ludwig.[28] (Wie der Kaiser war auch er der Sohn einer der kunstliebenden Töchter Queen Victorias, doch seine Auffassung der kulturellen Rolle des Monarchen war eine völlig andere.)

Trotz vergleichsweise beschränkter Ressourcen beteiligte sich Ernst Ludwig in erheblichem Maß an einer Reihe von Projekten, nach der Jahrhundertwende vor allem an der Schaffung und Unterstützung der berühmten Künstlerkolonie auf der Darmstädter Mathildenhöhe und bei einer Serie von wichtigen Ausstellungen moderner angewandter Kunst. Die Rolle des Herrscherhauses bei diesen Unternehmungen war sicher entscheidend, und zwar durch die Anerkennung des Jugendstils als eines Feldes, auf dem Darmstadt mit größeren Zentren wie München und Dresden konkurrieren konnte; durch die Unterstützung mehrerer ähnlicher Projekte und durch eine fortgesetzte finanzielle Unterstützung (meist durch die Hofkasse) der Ausstellungen trotz des großen Defizits, das 1901 die erste, *Dokument deutscher Kunst*, erbracht hatte. Anders als die Unternehmen Ludwigs II. von Bayern beruhten Ernst Ludwigs Pläne nicht auf einem Spleen oder einer Leidenschaft, sondern auf der Überzeu-

27 Stadtarchiv, München, Kulturamt 397: Magistratsbeschluß, 14. März 1906.

28 Siehe E. G. Franz, »Der erste und der letzte Großherzog von Hessen: fürstliche Kunstförderung in Darmstadt«, in K. F. Wagner (Hg.), *Hof, Kultur und Politik im 19. Jahrhundert. Pariser Historische Studien*, XXI, Bonn 1985, S. 291-312; *Ein Dokument deutscher Kunst. Darmstadt 1901-1976*, 6 Bde., Darmstadt 1976-7.

gung, daß die Monarchie auf nützliche Weise zur modernen Gesellschaft beitragen solle. Zudem stammte die Idee der Künstlerkolonie und der Betonung der angewandten Kunst im wesentlichen von Alexander Koch, einem Privatmann, einer der führenden Persönlichkeiten im Hessischen Kunstverein und Herausgeber der einflußreichen *Deutsche Kunst und Dekoration*. Koch bereitete den Boden mit wichtigen Ausstellungen, schlug in einem anschaulichen Memorandum die Kernpunkte des Kolonieprojekts vor und ließ trotz anfänglicher Schwierigkeiten bei seiner Verteidigung nicht locker. Er betonte auch dessen potentiellen wirtschaftlichen Nutzen, und als Journalist, der er selbst war, war er sich der Rolle der Presse (»die Genossen der Feder, [die] wie keine andere Macht die berechtigten Forderungen der Zeit, des Fortschritts und Aufstiegs der Menschheit vertreten«[29]) bei der Unterstützung kultureller Projekte und bei ihrer Finanzierung voll bewußt. Denn schließlich konnte die großherzogliche Kasse nicht allein die Ausstellungen finanzieren; sie wurde in gewissem Maß vom Parlament, insbesondere aber von der Stadt Darmstadt unterstützt, die 1908 neben anderen großen Unterstützungszahlungen 330000 Mark für ein neues Ausstellungsgebäude beisteuerte.

In der Tat war die Beteiligung des Steuerzahlers an der Kultur nicht neu; seit dem 18. Jahrhundert waren die Anstrengungen zur Verbesserung der Manufakturen oder der Integration neuer Territorien (z. B. des preußischen Rheinlands nach 1815)[30] verbunden mit wesentlichen Ausgaben für Akademien und Zeichenschulen. Diese nahmen nach 1871 mit der wachsenden kulturellen Konkurrenz innerhalb des Kaiserreichs noch zu. Gegen Ende des 19. Jahrhunderts gaben sich München, Dresden und Düsseldorf imposante neue, staatlich finanzierte Akademien, und Düsseldorf plante vor Ausbruch des ersten Weltkriegs eine weitere, die auf

29 »Darmstadt und die volkswirtschaftliche Bedeutung des Kunstgewerbes«, in *Darmstadt. Eine Stätte moderner Kunstbestrebungen,* Darmstadt 1905, S. II.

30 Siehe E. Mai, »Kunstpolitik am Rhein: zum Verhältnis von Kunst und Staat am Beispiel der Düsseldorfer Kunstakademie«, in E. Trier & W. Weyres (Hg.), *Kunst des 19. Jahrhunderts im Rheinland,* III, Düsseldorf 1979, S. 11-42.

einem großen Gelände am Rhein gelegen sein sollte.[31] Die Ausgaben für Preußens andere erstklassige Ausbildungsinstitution, die Berliner Akademie, stiegen von einem Jahresbetrag von 31 666 M im Jahr 1867 auf 354686 M im Jahr 1876 und auf 834635 M im Jahr 1913.[32] Wie das Darmstädter Beispiel zeigt, waren Ausstellungen ein weiterer Prestigefaktor; sie wurden immer größer und ausgefeilter und über das diplomatische Netzwerk publik gemacht. Zwischen Mitte 1850 und 1880 gaben die Ausstellungen im Münchner Glaspalast, der 1854 erbaut worden war, den Ton an. Doch eine neue Ära begann 1886 mit der Hundertjahrs-Ausstellung der Berliner Akademie, die stark subventioniert war und über eine Million Besucher anzog.[33] München organisierte 1888 eine noch größere, und einige Künstler setzten sich für die Einrichtung jährlicher internationaler Salons ein. Das Aufkommen der Sezessionen und die moderne Bewegung angewandter Kunst beschleunigten das Tempo weiter, und 1914 waren alle einigermaßen großen Städte dem Ausstellungswahn verfallen. Selbstverständlich eröffneten Monarchen weiterhin große Ausstellungen, verteilten Auszeichnungen und tätigten mehr oder weniger bedeutende Käufe. Doch die Initiative und das Geld kamen zunehmend von Künstlerorganisationen, von Gemeinden und vom Staat.

Ein besonders interessantes Feld, auf dem sich die Lastenverteilung zwischen Dynastien, Regierungen und Privatleuten im Zeitraum zwischen dem Ende der Napoleonischen Kriege und dem Jahr 1918 dramatisch veränderte, war die Entwicklung öffentlicher Kunstmuseen. Im späten 18. Jahrhundert waren die großen Galerien weltlicher Kunst im Besitz von Königen und Prinzen, wenn auch nicht völlig unzugänglich für das Publikum. Aber nach der Französischen Revolution und der Napoleonischen Besat-

31 S. v. Wiese, »Die Düsseldorfer Kunstakademie, 1900-14, zwischen Restauration und Reform«, in *Der westdeutsche Impuls: Düsseldorf: Eine Großstadt auf dem Weg in die Moderne,* S. 97-103.

32 W. Feldenkirchen, »Staatliche Kunstfinanzierung im 19. Jahrhundert«, in *Kunstpolitik und Kunstförderung im Kaiserreich,* S. 43.

33 Siehe *Katalog der Jubiläums-Ausstellung der kgl. Akademie der Künste im Landesausstellungsgebäude zu Berlin, von Mai bis Oktober 1886,* Berlin 1886; *Die Kunst für Alle,* 15. Sept. 1887, S. 377.

zung gab es eine Tendenz, den Zugang öffentlich zu machen; diese Bewegung verlief parallel zu der Schaffung von wichtigen Sammlungen durch Privatpersonen, Kunstvereinen und Gemeinden (schon 1820 schuf Ludwig I. von Hessen-Darmstadt ein Museum »zur Unterhaltung und Belehrung des Publikums«)[34], parallel aber auch zur Beschränkung von königlichen Eigentumsrechten und zur staatlichen Finanzierung von Ankäufen. Dieser Prozeß war zwar ungleichmäßig und voller Widersprüche, inbesondere wenn – wie im Fall der Münchner Neuen Pinakothek geschehen – vom Hof ernannte Galeriebeamte mit einer wachsenden Anzahl von staatlicherseits angekauften Bildern konfrontiert wurden. Aber seit den Befreiungskriegen wurde sowohl die alte als auch die neue Kunst zunehmend als Ausdruck nationaler Identität und Galerien als Schatzkammern nationaler Kultur angesehen, gleichgültig, ob einzelne Monarchen Interesse daran hatten oder nicht: daher der seit 1850 wachsende Steueranteil an Gemälden und Skulpturen, besonders bei zeitgenössischen Werken.

Neben der Frage, ob große, repräsentative Kunstsammlungen königlich oder staatlich finanziert werden sollten, gab es eine andere, genauso wichtige: Sollte eine Nationalgalerie mit moderner deutscher Kunst unabhängig von den Museen der einzelnen Staaten errichtet werden?[35] Seit der Zeit der Romantik hatten sich Künstler und Intellektuelle für die Schaffung nationaler Kulturinstitutionen stark gemacht, und zwischen 1840 und 1860 wurden Forderungen nach einer Nationalgalerie nachdrücklich erhoben. Besonderes Gewicht besaß die Petition Düsseldorfer Künstler von 1848 an das Frankfurter Parlament; bedeutend waren aber auch die Schaffung einer nationalen »Verbindung für historische Kunst« im Jahr 1854 durch die Kunstvereine, die Gründung der »Allgemeinen Deutschen Kunstgenossenschaft« zwei Jahre später

34 Franz, »Der erste und der letzte Großherzog von Hessen«, S. 297f.

35 Siehe P. O. Rave, *Die Geschichte der Nationalgalerie Berlin*, Berlin, o. J., S. 10-27; T. W. Gaehtgens, *Die Berliner Museumsinsel im Deutschen Kaiserreich. Zur Kulturpolitik der Museen in der wilhelminischen Epoche*, München 1992, S. 72-6; K. K. Eberlein, »Idee und Entstehung der deutschen National-Museen«, *Wallraff-Richartz-Jahrbuch*, N. F. I (1930), S. 269-81.

und die große Ausstellung moderner deutscher Kunst 1858 in München. Doch Ende der fünfziger Jahre bestand die konkrete Möglichkeit, daß eine Nationalgalerie entweder in Weimar oder als Teil eines germanischen Nationalmuseums, das 1852 gegründet worden war, in Nürnberg errichtet würde. Zusammen mit dem Legat von 262 modernen Bildern des Berliner Sammlers Joachim Wagener an Wilhelm I. von Preußen führte dies schließlich zur Eröffnung der »Wagenerschen und National-Galerie« in der Berliner Akademie im März 1861. 1876 wurde das tempelartige Gebäude von Johann Heinrich Strack auf der Museumsinsel fertiggestellt; sein Eingang wurde von einer Statue der Germania und der Inschrift »Der Deutschen Kunst MDCCCLXXI« dominiert. Doch weder dies noch die Tatsache, daß sein Direktor zwischen den siebziger Jahren und 1896 ein Reichsbeamter war, konnte die Tatsache verschleiern, daß die Berliner Nationalgalerie wesentlich preußisch war, ihre Ankäufe durch preußische Steuergelder finanziert und im wesentlichen durch die Landeskunstkommission entschieden wurden; darin spiegelte sich Preußens offizielles Bild als Vormacht in Deutschland wider.[36]

Tatsächlich machten es die Ereignisse von 1866/67 und 1870/71 weniger als zuvor wahrscheinlich, daß wahrhaft nationale Institutionen gegründet wurden. Die stillschweigende Ausklammerung von kulturellen Fragen aus der Reichskompetenz in der Verfassung von 1871 (mit Ausnahme von Urheberrecht und Pressegesetzgebung) war einer der vielen Kompromisse, auf denen Bismarcks Reich gegründet wurde, und er reflektierte, wie schon angedeutet, die Auffassung der kleineren Staaten von Kultur als einem Gegengewicht zur totalen preußischen Hegemonie. Dies trifft besonders auf Bayern zu, das zwischen 1871 und 1918 praktisch jedem Versuch widerstand, die kulturelle Rolle des Reichs zu stärken. »Ich theile die in Deinem lieben Briefe mir dargelegte Ansicht«, schrieb Ludwig II. an seinen Onkel Luitpold im Januar 1875, »daß es in der Aufgabe der bayerischen Politik liegt, München als deutsche Kunst-

36 Gaehtgens, *Die Berliner Museumsinsel*, S. 74-5; vgl. auch With, *The Prussian Landeskunstkommission.*

metropole fortan zu erhalten und das dortige Kunst- wie Künstlerleben kräftig zu begünstigen«.[37] Zeitweise wurde diese Politik sehr weit getrieben. 1901 wehrte sich die Regierung aus dem Grund gegen die Finanzierung einer großen Berliner Ausstellung der Malerei des 19. Jahrhunderts durch das Reich (sie wurde schließlich 1906 eröffnet), weil die bayerische Hauptstadt es immer schwerer finde, mit den riesigen Ausgaben für Kunst in Berlin zu konkurrieren, und weil »eine ausgedehntere Befassung des Reiches mit Angelegenheiten der Kunst ... das Verhältnis für München wohl noch ungünstiger gestalten [würde] und geeignet [wäre], die Bestrebungen, Berlin auf Kosten Münchens zur ersten deutschen Kunststadt zu machen, nicht unerheblich zu fördern.«[38]

Man könnte viele zusätzliche Beispiele anführen, zweifellos auch für andere Staaten. Außer bestimmten Monumentalprojekten blieben somit die Ausgaben des Reichs beschränkt auf die Förderung von deutschen Künstlerinteressen im Ausland.[39] Einzelne Regierungen der deutschen Staaten nahmen mittlerweile die zunehmende Last der Finanzierung öffentlicher Kunstsammlungen auf sich. 1888/89 betrug das jährliche preußische Budget für Erwerbungen der Nationalgalerie und Auftragsarbeiten in Berlin und anderswo 300 000 M, und seit 1861 waren mehr als 5,5 Millionen M ausgegeben worden, mehr als die Hälfte davon für Neuerwerbungen der Nationalgalerie.[40] 1874 wurde in Sachsen ein Kunstfonds mit 450 000 M eingerichtet (das Geld stammte aus Entschädigungszahlungen aus dem französischen Krieg), wovon zwei Drittel für moderne Arbeiten bestimmt waren.[41] In Bayern begann der staatli-

37 Geh. Hausarchiv, München, Nachlaß Prinzregent Luitpold 94: Brief vom 10. Jan. 1875.

38 BHSA, München, MK 14 163: Kultusminister v. Landmann an Gesandten v. Lerchenfeld, 13. Jan. 1901.

39 Feldenkirchen, »Staatliche Kunstfinanzierung im 19. Jahrhundert«, S. 44-7; s. auch H. Ludwig, *Kunst, Geld und Politik um 1900 in München. Formen und Ziele der Kunstfinanzierung und Kunstpolitik während der Prinzregentenära (1886-1912). Kunstpolitik und Kunstförderung im Kaiserreich*, VIII, Berlin 1986, S. 249-55.

40 *Jahrbuch der kgl. preussischen Kunstsammlungen*, 1. Jan. 1890, S. XVII-XXII.

41 *Bericht über die Verwaltung der kgl. Sammlungen für Kunst und Wissenschaft zu Dresden* [Dresden: Sammlungsberichte], 1874/5, S. 3f.

che Kunsterwerb nicht vor Mitte der achtziger Jahre. Doch 1888 billigte das Parlament einen Kapitalbetrag von 440 000 M, und zwischen 1886 und 1890 vervierfachte sich das jährliche Kunstbudget auf 100 000 M, neun Zehntel davon für zeitgenössische Arbeiten.[42] Öffentliche Ausgaben in großem Stil für Kunst waren politisch umstritten. Preußische Konservative mahnten, daß nationale Errungenschaften auf »Nüchternheit, Tüchtigkeit und Sparsamkeit« gegründet seien und daß »die Kunst nichts weiter [sei], als ein edler schöner Luxus«.[43] Die Katholiken fürchteten, daß Berlin große Summen verschlänge, während die Provinzen leer ausgingen; Ludwig Windthorst sagte im Februar 1884: »Wir wollen keinen großen Wasserkopf schaffen und im übrigen die Beine dünn werden lassen.«[44] Normalerweise hatte die Regierung jedoch keine Schwierigkeiten, parlamentarische Unterstützung für reguläre oder außergewöhnliche Finanzierungen zu bekommen. Aber in Bayern war die Lage problematischer, weil das Kunstbudget zu einem Verhandlungsgegenstand im Machtkampf zwischen der katholischen Zentrumspartei und der von den Liberalen unterstützten Regierung wurde.[45] In den achtziger Jahren waren die Führer des Zentrums einigermaßen kooperativ, was die wachsenden Ausgaben für die Kunst anging, obwohl dies in erster Linie eine liberale Politik war, die zudem vom Erzexponenten des Kulturkampfs, Ministerpräsident Johann von Lutz, unterstützt wurde. Doch das Mäzenatentum befand sich nicht unter ihren Prioritäten, besonders als in den neunziger Jahren die Wirtschaftskrise drohte, die ländlichen Wähler in die Arme des radikalen Bauernbunds zu treiben. Dazu kam, daß unter den angekauften Werken für die Neue Pinakothek Stücke von Makart, Stuck, Böcklin, Uhde und anderen waren, die

42 Siehe Archiv des bayr. Landtages, München, Verhandlungen des Ausschusses f. den Kultusetat, 1886/87, Fasc. III-V, 1890/91, Fasc. II-V; *Sten. Berichte über die Verhandlungen der bay. Kammer der Abgeordneten* [Bayern: Abgeordneten-Kammer], 1884, Bd. 2 (8. Feb. 1884) und 1889/90, Bd. 5 (28. März, 1890).

43 *Sten. Berichte über die Verhandlungen des preuß. Haus der Abgeordneten* [Preußen: Abgeordneten-Haus], 15. Leg.-Periode II Sess. 1883/84, Bd. 1, 26. Nov. 1883 (Frhr. v. Minnigerode), S. 30.

44 Ibid., Bd. 2, 11. Feb. 1884, 1384.

45 Zur allgemeinen Lage, s. Möckl, *Die Prinzregentenzeit.*

die Katholiken aus bereits genannten Gründen für überaus obszön oder blasphemisch hielten. Schließlich betrachteten die Zentrumspolitiker das Kunstbudget als einen Hebel, der zur Erpressung von konfessionellen oder politischen Konzessionen zu gebrauchen war, und sie benutzten ihn ganz offen zu diesem Zweck in zwei großen Auseinandersetzungen der Jahre 1890 und 1902. Doch nur im zweiten Fall wurde die Unterstützungszahlung gänzlich abgelehnt, worauf die Summe durch eine andere Quelle gedeckt werden mußte.[46] Es war jedoch nach wie vor damit zu rechnen, daß staatliche Unterstützungszahlungen völlig eingestellt würden, und ein von Zentrum dominiertes Kabinett hielt das Budget für den Erwerb zeitgenössischer Objekte zwischen 1890 und 1914 auf demselben Niveau – trotz massiv gestiegener Preise.

Dann gab es auch einen Konflikt zwischen partikularistischen Akquisitionskomitees und – besonders auf dem Gebiet der zeitgenössischen Kunst – einer neuen Sorte von professionellen Museumsdirektoren, deren Ernennung, meist anstelle von älteren Malern, die zunehmende Modernisierung deutscher Museen reflektierte. Max Jordan beispielsweise, der 1874 die Berliner Nationalgalerie übernahm, bekam trotz der Obstruktion von Seiten der mächtigen preußischen Landeskunstkommission einige bemerkenswerte Bilder.[47] Karl Woermann, Direktor der Dresdner Königlichen Galerie seit 1882, lag über Jahre mit einem Komitee von akademischen Konservativen im Streit, bis es ihm 1904 gelang, Courbets *Steinklopfer* zu erwerben.[48] Wichtiger noch, und weniger behindert von Kollegen, war die Aktivität Alfred Lichtwarks, der 1886 Direktor der Hamburger Kunsthalle wurde *(Abb. 6)* und Werke von Böcklin, Marées und Feuerbach, Menzel, Leibl und anderer Hauptvertreter des Realismus kaufte – schließlich sogar Werke von den Führern der Berliner Sezession.[49]

46 Ibid., S. 525f.

47 Teeuwisse, *Vom Salon zur Secession,* S. 86-97; With, *The Prussian Landeskunstkommission,* S. 35-88.

48 *Der Kunstmarkt,* 22. April 1904, 208.

49 M. Dibbern, *Die Hamburger Kunsthalle unter Alfred Lichtwark, 1886-1914. Entwicklungen der Sammlungen und Neubau,* Hamburg 1980, S. 50-68.

Daß es Lichtwark gelang, erstklassige Bilder von Liebermann, Corinth und Slevogt anzukaufen, lag an der Tatsache, daß diese aus der Berliner Nationalgalerie praktisch ausgeschlossen waren, was teilweise auf den wachsenden Konflikt zwischen Wilhelm II. und dem neuen Direktor der Nationalgalerie (seit 1896), Hugo von Tschudi, zurückzuführen war.[50] Dieser hatte den Impressionismus auf einer gemeinsamen Reise mit Liebermann nach Paris entdeckt und war, wie er später feststellte, überzeugt, daß »die Kunst keines anderen Landes ... dieses großartige Schauspiel eines konsequenten Fortschreitens, diese Fülle neuer, die ganze europäische Malerei befruchtender Ideen, diesen Reichtum schöpferischer Genien [bietet].«[51] Als Direktor war er dazu entschlossen, mit der Idee aufzuräumen, die Nationalgalerie solle hauptsächlich vaterländische Kunst von lokalen Künstlern und Salons erwerben. Er wollte eine internationale Sammlung aufbauen, in der französische und von Frankreich beeinflußte Kunst stark vertreten sein sollte. Wie jedoch vorauszusehen war, stieß Tschudis Politik auf energische Opposition, und seine Position wurde schließlich unhaltbar, trotz seiner guten Beziehungen zu diversen aufeinanderfolgenden Kultusministern. Doch er hatte Erfolg bei der Akquisition erstklassiger französischer realistischer, impressionistischer und nach-impressionistischer Gemälde und Skulpturen, sowie von wichtigen deutschen Arbeiten aus dem 19. Jahrhundert – hauptsächlich dank der Einwerbung privater Fonds. Die offene Unterstützung, die er von eminenten Berliner Sammlern erhielt, wie beispielsweise von dem Kohlenmillionär Eduard Arnhold und vieler anderer, offenbarte auch die praktischen Grenzen von Wilhelms Macht. Dies zeigte auch die Wahl von Tschudis Nachfolger nach dessen Rücktritt und Weggang nach München im Jahr 1909. Denn Wilhelm, noch unter dem Eindruck des Aufruhrs wegen der *Daily Telegraph*-Affäre, widerstand der Versuchung, Anton von Werner zu ernennen und wählte statt dessen Ludwig Justi, der

50 Teeuwisse, *Vom Salon zur Secession,* S. 197-220; With, *The Prussian Landeskunstkommission,* 107-28; P. Paret, »The Tschudi Affair«, *Journal of Modern History,* LIII (1981), S. 589-618.

51 BHSA, München, MK 14 284: Tschudi an Kultusministerium, 1. März 1911.

zwar diplomatischer als Tschudi war, jedoch dessen Ansichten teilte. Darüber hinaus stärkte Justi seine eigene Position, indem er das Mitspracherecht der konservativen Landeskunstkommission bei Neuerwerbungen für die Nationalgalerie abschaffte. (Noch bemerkenswerter ist, daß 1912 das Budget zur Anschaffung von ausländischen Kunstwerken um 40 000 M aufgestockt wurde.[52])

Justis Reformen waren überfällig. 1862, als die Landeskunstkommission gegründet wurde, hatte der preußische Zentrumsabgeordnete August Reichensperger davor gewarnt, daß eine Mitsprache der Künstler in ihr zu einem Fürsorgesystem für das Mittelmaß führen würde;[53] und sowohl Jordan als auch Tschudi hatten mindestens genauso viel Ärger mit Malern, die eifersüchtig auf ihre Beziehungen zur Nationalgalerie bedacht waren, wie mit dem Kaiser. Ähnliches trifft für andere Orte zu. Sogar in Hamburg, wo es keine Akademie und nur wenige ansässige Künstler gab, sorgten Lichtwarks Pläne für wütendende Opposition.[54] Aber in größeren Kunstzentren gestaltete der starke Einfluß der Künstler die Dinge schwieriger: wie Woermann bemerkte, kamen die Interessen der Galerien und die der Künstler einfach nicht zur Deckung.[55] Dies traf vor allem auf München zu, wo Tschudi als Direktor der staatlichen Galerien einer großen, angesehenen Künstlergemeinschaft gegenüberstand, deren Führer enge Verbindungen zum Hof unterhielten. Ihr Anspruch auf den Löwenanteil der staatlichen Gelder für Neuankäufe wurde zudem von der Tatsache untermauert, daß die Budgeterhöhungen der späten achtziger Jahre und 1890 größenteils für Akquisitionen bei den neuen internationalen jährlichen Salons bestimmt waren, die die Berliner Herausforderung abwehren sollten. Unterstellungen wegen Cliquen- und »Spezl«-Wirtschaft, die ohnehin zur Kunstwelt gehören, waren nicht unbegründet. 1901 gestand ein Mitglied des Akquisitionskomitees: »Ich habe voriges Jahr ordentlich für meine Leute gearbeitet. Es ist zwar genug Schund unter den Sachen, die

52 With, *The Prussian Landeskunstkommission*, S. 129-44, hier S. 143.
53 Ibid., S. 27.
54 V. Heydorn, *Maler in Hamburg, 1886-1945*, Hamburg 1974, S. 42ff.
55 Woermann, *Lebenserinnerungen*, II, S. 14.

ich vorgeschlagen und durchgedrückt habe; aber ich schulde das meinen Leuten.«[56] Obgleich unter Tschudis Vorgänger, dem angesehenen Kunsthistoriker Franz von Reber, Reformversuche unternommen wurden, machten finanzielle und politische Hindernisse einen Fortschritt unmöglich. »Die Herren, die an der Futterkrippe stehen«, kommentierte der Schriftsteller und Kunstsammler Wilhelm Weigand 1904, »sind zu mächtig, und der Prinzregent wünscht offenbar, daß die Staatsgelder nicht bloß den Würdigen, sondern auch den Bedürftigen (d. h. vielfach den Talentlosen) zu Gute kommen.«[57]

Tschudi, dessen kühne Neuhängung der Alten Pinakothek breite Unterstützung fand, traf auf große Schwierigkeiten, als er damit begann, die Sammlung der Neuen Pinakothek von einem provinziellen auf ein internationales Niveau zu heben. Zu diesem Zweck setzte er seine frühere Praxis fort und suchte für viele Objekte private Geldgeber. Trotzdem mußte ein Teil der Kosten durch das beschränkte Staatsbudget beglichen werden, da es sich als unmöglich herausstellte, eine spezielle Förderung von 1,5 Mio. Mark für einen Wunschzettel moderner französischer Kunst zu bekommen. Die folgende Reduzierung der Summen, die für lokale Arbeiten zur Verfügung standen, und Tschudis offene Verachtung für die Münchner Ausstellungen provozierten eine wütende Reaktion und eine Kampagne auf höchster Ebene gegen ihn. Trotz der Unterstützung durch Prinz Rupprecht scheint es unwahrscheinlich, daß er seine Arbeit hätte fortsetzen können, wäre er nicht vorzeitig 1911 gestorben. Sein Nachfolger wurde für kurze Zeit sein jüngerer Kollege Heinz Braune (wie Tschudi ein Freund der Münchner Gruppe *Blauer Reiter*), der die Annahme der großartigen »Tschudi-Spende« moderner Kunst sicherstellte, aber die Konservativen durch seine Neuhängung der Neuen Pinakothek zusätzlich erregte. Es überrascht deshalb nicht, daß Braune 1914 durch den hochangesehenen, aber »sicheren« Friedrich Dörnhöffer aus

56 Main-Fränkisches Museum, Würzburg, Nachlaß Wilhelm Weigand: Weigand an Kultusminister v. Wehner, 14. Mai 1903.

57 Main-Fränkisches Museum, Würzburg, Nachlaß Wilhelm Weigand: Weigand an Hermann Eichfeld, 15. Okt. 1904.

Wien ersetzt wurde, ein Ereignis, das der 80-jährige von Reber als »voraussichtlich günstigen Ausgang der stürmischen Nachfolge nach meinem Rücktritt von der Leitung der Staatsgalerie [sic]« pries.[58]

Die Probleme progressiver Direktoren von Staatsgalerien hätten geringer sein können, hätten mehr öffentliche Gelder zur Verfügung gestanden. Doch in der wilhelminischen Zeit wurden die Erhöhungen des Kunstbudgets immer unzureichender. Das von Lichtwark gestartete »große Rennen der Museen« um die klassische Malerei des 19. Jahrhunderts und die vorzügliche Jahrhundertausstellung deutscher Kunst, die er und Tschudi 1906 organisierten, trieben die Preise in die Höhe; reiche deutsche Käufer wie Karl Ernst Osthaus[59] und Amerikaner trieben diesen Prozeß weiter an (die Preise alter Meisterstücke gingen ebenfalls sprunghaft nach oben). Besonders in den alten königlichen Hauptstädten, in denen die großen Sammlungen traditionellerweise von den Dynastien gehütet worden waren, wurde das Geld knapp. In Dresden kam die königliche Galerie 1891 unter die Kontrolle der Finanzminister, und somit machte die Ausgabenorgie der vorangegangenen beiden Jahrzehnte – 1883 bezahlte man 50 000 M für ein einziges Gemälde von Franz Defregger[60] – Platz für eine Sparpolitik. In Berlin erhöhte sich das Budget für Neuerwerbungen bei weitem nicht so schnell wie die Versorgung von Museumsverwaltung und Personal.[61] Die erwähnten politischen Probleme machten in München jeden Versuch hinfällig, mit der Inflation Schritt zu halten, und 1907 konnten sich Reber und sein Komitee kaum einen kleinen Monet leisten, dessen Preis vom Händler auf 9 000 M herabgesetzt war.[62]

---

58 Hauptstaatsarchiv, München, Allg. Abt., MK 18 290: Reber an Kultusminister v. Knilling, 11. Nov. 1914.

59 H. Hesse-Frielinghaus et al., *Karl Ernst Osthaus. Leben und Werk,* Recklinghausen 1978, S. 137-155.

60 Dresden: *Sammlungsberichte,* 1882/3, S. 12; Woermann, *Lebenserinnerungen,* II, S. 86ff.

61 Feldenkirchen, »Staatliche Kunstfinanzierung im 19. Jahrhundert«, S. 40ff.

62 *Felsen bei St. Adresse:* Hauptstaatsarchiv, München, MK 14 282: Reber an Wehner, 15. Jan. 1907.

Im Jahr davor hatte die Hamburger Kunsthalle noch Wilhelm Leibls Meisterwerk *Drei Frauen in der Kirche* für 112000 M gekauft,[63] und das Städelsche Institut in Frankfurt hatte 114645 M für Cranachs *Torgauer Altar* bezahlt; 1904 erwarb das Städel Rembrandts *Blendung Simsons* aus der Sammlung Schönborn in Wien zum astronomischen Preis von 336000 M.[64] Obwohl die Kunsthalle zu dieser Zeit – im Gegensatz zum Städel – beträchtliche Subventionen erhielt, lag die Erklärung für diese Kaufkraft in privater Spendefreudigkeit, die um 1900 die Aussichten der deutschen Museen revolutionierte. In der Tat hatten Privatpersonen schon im 19. Jahrhundert wichtige Beiträge zur Entwicklung von öffentlichen Sammlungen (oder von solchen, die es werden sollten) geleistet. Unter den prominentesten waren Namen wie Städel, Boisserée, Wallraff, Aufsess und Schack sowie Wagener. Genauso wichtig waren gemeinsame Bemühungen, angefangen von den Kunstvereinen, die zahlreiche Galerien gründeten (und in einigen Fällen besaßen): nicht nur herausragende Institutionen wie das Leipziger Museum und die Kunsthallen in Hamburg und Bremen, sondern auch bescheidenere in Kiel, Königsberg, Magdeburg, Stettin, Rostock, Wiesbaden und anderswo. Die Kunstvereine waren auch die direkten Vorläufer der Galerie- oder Museumsvereine, die zur Unterstützung besonderer Galerien geschaffen wurden, zum Beispiel der »Verein der Kunstfreunde von 1870« in Hamburg und der »Städelsche Museumsverein«, der 1899 gegründet wurde.[65]

Die wichtigste Neuerung der Kaiserzeit war die wachsende Fähigkeit der Direktoren der Staatsgalerien, beide Arten privater Tätigkeiten an ihre eigenen Bedürfnisse zu koppeln. In Berlin perfektionierte Wilhelm von Bode diese Strategie, indem er in den frühen neunziger Jahren durchschnittlich 50000 M pro Jahr als Schenkungen sammelte und 1896 einen exklusiven Unterstützer-

63 J. Mayr, *Wilhelm Leibl. Sein Leben und sein Schaffen,* Berlin [4]1936, S. 148; *Katalog der Meister des 19. Jahrhunderts in der Hamburger Kunsthalle,* hg. v. E. M. Krafft & C.-W. Schumann, Hamburg 1969, Nr. 1534.

64 *Bericht über die Tätigkeit des Städel'schen Kunstinstituts,* 1894-1907, S. 10ff.

65 Siehe W. v. Seidlitz, »Museumsvereine«, *Museumskunde,* IX (1913), S. 36-43.

kreis für das Kaiser-Friedrich-Museum gründete. Er beriet auch Privatsammler mit dem ausgesprochenen Ziel, ihre Schätze eines Tages für die preußischen Museen zu erhalten.[66] Im April 1913 lobte der preußische Kultusminister von Trott den Erfolg Bodes und seiner Kollegen, »*Mäzene* für ihre Sammlungen zu erwerben und diese in der Freude an dem erreichten Erfolge immer wieder zu reichen Gaben zu veranlassen«; er berichtete von Geschenken in Höhe von 4 680 000 M allein für die davorliegenden vier Jahre.[67] Auf dem etwas umstritteneren Feld moderner und zeitgenössischer Kunst ermöglichte eine solche Politik, sowohl die Inflation auszugleichen als auch querschießende Komitees und Interessengruppen zu umgehen; für Tschudi in Berlin zählte der Kaiser dazu. Die Ergebnisse konnten sich sehen lassen. Reiche Gönner kauften Manets *Hinrichtung Kaiser Maximilians* für die Mannheimer Kunsthalle,[68] erstrangige Arbeiten für die Berliner Nationalgalerie und die Münchner Neue Pinakothek. Für letztere zum Beispiel Leibls *Porträt von Frau Gedon* für 180 000 M und Manets *Frühstück im Atelier*, das den Geschäftsmann Georg Schmidt-Reissig 240 000 M gekostet hatte.[69]

Unbürokratisches Mäzenatentum dieser Art führte oft zu interessanten Ergebnissen. Die Assoziation württembergischer Kunstliebhaber startete bald ein Programm mit am Ort lebenden Künstlern.[70] 1911 war die Elberfelder Stadtgalerie das erste Museum, das einen Picasso beherbergte. Vorsitzender des Freundeskreises war der Bankier und Avantgarde-Mäzen August von der Heydt.[71] In Hamburg ermöglichten die lukrativen hanseatischen Kontakte für Lichtwark eine beneidenswerte Freiheit und eine fast fürstliche Autorität, das zu bekommen, was er wollte: zum Beispiel her-

---

66 Ibid.; und Gaehtgens, *Die Berliner Museumsinsel,* S. 11-28.

67 Preußen: Abgeordneten-Haus, 21. Leg.-Periode V Sess. 1912/13, Bd. 10, 12. April 1913, 13987-8.

68 D. Sutton, »Bonnard und Vuillard in Hamburg«, *Jb. der Hamburger Kunstsammlungen,* XII (1967), S. 97.

69 BHSA, München, MK 14 283: Wehner an Prinzregent, 30. Dez. 1911.

70 J. Baum et al. (Hg.), *Die Stuttgarter Kunst der Gegenwart,* Stuttgart 1913, S. 1-12.

71 *Der westdeutsche Impuls: Wuppertal. Stadtentwicklung, Sammlungen, Ausstellungen,* S. 86.

vorragende Porträts der führenden Berliner Sezessionisten sowie Bonnards und Vuillards einzigartige Serie von Hamburger Gemälden, die 1913 entstanden war *(Abb. 7)*.[72]

Im Jahrhundert zwischen 1815 und 1914 gab es große Veränderungen in Funktion, Management und Finanzierung der bedeutenden deutschen Kunstsammlungen, und es wurden viele neue Museen geschaffen. Aus den genannten Gründen wechselte die Verantwortung für die Galerien, die von den Wittelsbachern, den Wettinern und den Hohenzollern gegründet worden waren, von den Dynastien zu den Regierungen: Dieser Wandel wurde 1914 durch den Verkauf der Münchner Neuen Pinakothek vom Herrscherhaus an den bayerischen Staat symbolisiert. In der gleichen Zeit wurden Museen immer weniger als Ansammlungen von Kuriositäten oder Symbolen dynastischen Prestiges angesehen, sondern vielmehr als Bildungsanstalten, in denen nach kunsthistorischen Prinzipien gruppierte Sammlungen dazu dienten – gemeinsam mit Vorträgen, Veröffentlichungen und Sonderausstellungen –, das Verstehen zu erleichtern und den allgemeinen Geschmack zu heben; solche Programme waren oft mit Namen wie Tschudi oder Lichtwark verbunden, hatten jedoch Vorläufer, die weit zurück im 19. Jahrhundert lagen. Noch wichtiger war um 1900 die zunehmende Einbeziehung reicher Geschäftsleute in die staatlichen Sammlungen, die oft routinemäßig mit Titeln und Auszeichnungen belohnt wurden. Dieses neue, eher »amerikanische« Muster der Unterstützung, das dank Deutschlands Wirtschaftsblüte aufkam, stellte sich auf dem Gebiet alter Kunst von unschätzbarem Wert heraus; inbesondere ermöglichte es den Berliner Museen, mit den großen Galerien von Paris und London sowie mit den neuen Sammlungen in den USA zu konkurrieren. Auch gab es den Direktoren der modernen Galerien, die mit Schenkungen aufwarten konnten, denen auch Monarchen und Minister nicht zu widerstehen vermochten (selbst Wilhelm II. nicht), die Macht, den

72 A. Hentzen, »Die Entstehung der Bildnisse des Historikers Eduard Meyer von Lovis Corinth in der Hamburger Kunsthalle«, *Jb. der Hamburger Kunstsammlungen,* VI (1961), S. 117-42; Sutton, »Bonnard und Vuillard in Hamburg«.

konservativen Nationalismus in Frage zu stellen und Sammlungen moderner französischer Kunst zu schaffen, um die 1914 ganz Europa die deutschen Museen beneidete.

Obwohl die Maler hart kämpften, um ihre privilegierte finanzielle Beziehung zum Staat aufrechtzuerhalten, waren ihre Erfolgsaussichten gering; dabei stieg ihre Zahl, einschließlich einer Minderheit an Bildhauern, steil an: von 8 890 im Jahr 1895 auf 14 000 im Jahr 1907.[73] Der Wohlstand dieser kleinen Armee kreativer Individuen hing in weit geringerem Grad vom öffentlichen Mäzenatentum als vielmehr von der Aufwärtsentwicklung des privaten Kunstmarkts ab. Offizielle Akademiesalons wurden in Dresden 1764 eingeführt, später auch in anderen königlichen Hauptstädten, und sie existierten bis in die Mitte oder bis zum Ende des 19. Jahrhunderts fort. In kommerzieller Hinsicht wurden sie jedoch durch das sich ausbreitende Netzwerk von Kunstvereinen zurückgedrängt. Zwischen 1837 und 1866 wickelte der Münchner Maler Karl Spitzweg 115 von 206 dokumentierten Verkäufen durch 25 Gesellschaften ab, die so weit voneinander entfernt lagen wie Bergen und Triest, Straßburg und Königsberg.[74] Die Einrichtung, Kunstwerke durch Lotteriegewinne zu verteilen, ermöglichte es den ankaufenden Komitees, den Geschmack zu beeinflussen, bestimmten Künstlern zu helfen und, aufgrund der weitverstreuten Mitgliedschaft größerer Gesellschaften, deutsche Kunst in entfernte Gegenden zu bringen: so wurde beispielsweise Friedrichs *Erinnerung an das Riesengebirge* (St. Petersburg, Eremitage) 1835 von Dresden nach St. Petersburg verlost,[75] und Werke aus Düsseldorf gingen an Lotteriegewinner in den Vereinigten Staaten. Darüberhinaus unterstützten die Kunstvereine aus patriotischen Gründen auch großformatige historische und religiöse Bilder, obwohl sie sich normalerweise mit Objekten im Kabinettsmaßstab und mit Landschaften in der für bürgerliche Wohnungen passenden Größe abgaben. Der in Düsseldorf ansässige *Kunstverein für*

73 *Statistik des Deutschen Reichs,* CCXI (1913), Anhang, S. 59.
74 E. Kalkschmidt, *Carl Spitzweg und seine Welt,* München 1945, S. 151-161.
75 *German and Austrian Painting in the Hermitage, Leningrad,* Leningrad 1986, S. 66.

die Rheinlande und Westfalen beispielsweise, der 1829 unter dem Einfluß Wilhelm von Schadows gegründet worden war, legte ein Viertel seiner Einkünfte für diesen Zweck beiseite und hatte 1914 bereits Hunderttausende von Mark für Monumentalprojekte – darunter Rethels berühmte Aachener Fresken – in der ganzen Region und darüber hinaus ausgegeben.[76] Die vom Kuntverein geförderte, oben erwähnte *Verbindung für historische Kunst* setzte sich die Aufgabe, jedes Jahr ein wichtiges historisches Gemälde zu kaufen oder in Auftrag zu geben.[77] Doch die regulären Ausstellungen der Kunstvereine waren gewöhnlich von neuen Arbeiten beherrscht, und viele erfolgreiche Debuts waren zuerst dort zu sehen. Trotz wachsender Kritik seit den sechziger Jahren und harter Konkurrenz von Seiten der Künstlervereinigungen und Händler wurden weitere neue Gesellschaften gegründet, die Mitgliedschaft in Kunstvereinen wuchs an, und zwischen 1901 und 1911 gaben die 84 Vereine in Deutschland im Jahr durchschnittlich 1,25 Millionen Mark an Künstler aus, eine Summe, die so groß war wie der Umsatz aller großen Salons zusammen oder wie das normale Niveau öffentlichen Kunsterwerbs.[78] Sie blieben auch ein nützliches Sprungbrett auf dem Weg zur Anerkennung. Im Juni 1913 erzählte Franz Marc Herwarth Walden: »Ich glaube, wenn wir die *Kunstvereine* gewinnen, ist der Nutzen unabsehbar, bes. in der Wirkung auf die Kunsthändler!«[79] 1914 waren die progressiveren Vereine für die Avantgarde sicher bereits zugänglicher; so hatte die Gesellschaft in Barmen Bilder von Kandinsky, Marc und Signac für ihre eigene Sammlung gekauft.[80]

---

76 K.K. Eberlein, *Geschichte des Kunstvereins für die Rheinlande und Westfalen, 1829-1929. Schriften des Städt. Kunstmuseums Düsseldorf,* III, Düsseldorf 1929, S. 53-9.

77 *Kgl. Museen zu Berlin. Kunsthandbuch für Deutschland. Verzeichnis der Behörden, Sammlungen, Lehranstalten, und Vereine für Kunst, Kunstgewerbe und Altertumskunde,* M. Creutz (Hg.), Berlin [6]1904, S. 613f.

78 SB/Mon, München: Kunstverein, *Jahresbericht,* 1911, S. VII.

79 Preußische Staatsbibliothek, Berlin, Handschriftenabt., *Sturm*-Archiv Herwarth Walden [StAHW]: Notiz Marcs auf der Rückseite eines Briefes von der Galerie Arnold, 16. Juni 1913.

80 G. Aust, »Sammlungen und Ausstellungen in Elberfeld und Barmen«, in *Der westdeutsche Impuls: Wuppertal,* S. 128-35.

Die Kunstvereine mußten am Leben bleiben, weil sie einem wichtigen Zweck dienten; 1908 wurden beispielsweise monatlich 855 Arbeiten an den Münchner Verein geschickt.[81] Die Vereine konnten diese Funktion wahrnehmen, weil sie eher von Laien als von Malern, die von Anfang an ein störendes Element waren, geführt wurden. Der Historiker des Rheinisch-Westfälischen Kunstvereins schreibt über die dreißiger Jahre des 19. Jahrhunderts: »Je größer der Einfluß der Künstler im Verwaltungsrat wurde, desto gefährlicher wurde die Lage, und die Erfahrung lehrt, daß der Kunstverein immer dann seine größten Erfolge hatte, wenn die Künstler in seiner Leitung in der Minderzahl waren.«[82] (Interessanterweise sah ein nicht verwirklichter Plan für eine neue Kunstvereinigung in München um 1914, dessen Vorsitzender Walden hätte sein sollen, keine Künstler als Mitglieder vor.[83]) Aber um die Mitte des 19. Jahrhunderts wollten die Künstler größere Unabhängigkeit sowohl von den Akademien als auch von den Kunstvereinen. Die Gründung der *Allgemeinen deutschen Kunstgenossenschaft* (ADKG) im Jahr 1856 war ein wichtiger Meilenstein, und 1863 wurde es der Münchner Sektion gestattet, die normalen Salons von der Akademie zu übernehmen.[84] Ihrer Internationalen Ausstellung im Jahr 1869, die Werke von Courbet und Manet enthielt, folgten noch größere Ausstellungen in den siebziger und achtziger Jahren, und immer öfter wurden in allen wichtigen Kunstzentren bis 1914 riesenhafte Salons eingerichtet. Aber trotz ihrer Lukrativität – zwischen 1879 und 1908 beliefen sich die Verkäufe im Münchner Glaspalast allein auf fast 11 Millionen Mark[85] – wurden sie ihrer enormen Größe, ihrer Kommerzialität und ihrer schwankenden Qualität wegen angegriffen, und dies war einer der Hauptgründe für das Entstehen der Sezessionen, so 1892 in Mün-

---

81 SB/Mon, München: Kunstverein, *Jahresbericht*, 1908.

82 Eberlein, *Geschichte des Kunstvereins für die Rheinlande und Westfalen*, S. 13.

83 Preuß. Staatsbibl., Berlin, Handschriftenabt., StAHW: Marc an Walden, 22. Feb. 1913.

84 SB/Mon, München: Kunstverein, *Jahresbericht*, 1908.

85 SB/Mon, München: Künstlergenossenschaft, *Jahresberichte*; P. Drey, »Der Kunstmarkt: eine Studie über die wirtschaftliche Verwertung der Bilder«, München (Diss.) 1910, S. 170.

chen und, nach langen Diskussionen, 1898 in Berlin sowie an verschiedenen anderen Orten.[86] Nach einer zerstrittenen Anfangsperiode, in der in Berlin am heftigsten gekämpft wurde, etablierten sie sich als Elitegesellschaften mit einer wohlhabenden Klientel und einer immer konservativeren Orientierung. In Berlin führte die Identifizierung ihrer Führung mit dem erfolgreichen internationalen Pleinairismus zur Entfremdung der Radikalen und zu einer Reihe von bitteren Streitigkeiten und Spaltungen in den Jahren vor dem Krieg. Wie wir sehen werden, wurde die Sezession in München bald wieder vom Establishment aufgesogen, sie nahm Abstand von ihrem künstlerischen Internationalismus und bezeichnete sich 1914 freimütig als »ein Bollwerk gegen ultra-radikale Unternehmungen«.[87] Im allgemeinen jedoch stellten die Sezessionen in ihrer Blütezeit die Herrschaft von Nationalismus und Akademismus in der deutschen Kunst in Frage, sie verbesserten die Qualität der Ausstellungen und halfen, eine vielfältigere Kunstwelt zu schaffen.

Bedeutsam war auch, daß sie dazu beitrugen, Photographie und angewandte Kunst salonfähig zu machen, und Absetzungsbewegungen von der konventionellen Ölmalerei förderten. Nach der deutschen Einigung wurde der Kunstmarkt von »abgerundeten wirklichen Bildern« dominiert, wie es Werner formulierte,[88] deren Detailreichtum, Oberflächenglanz und physische Einzigartigkeit sie der Kunst zuschlug, wie stereotyp auch immer ihr Thema war. Im Gegensatz dazu wurden Aquarelle mit (insbesondere weiblichem) Dilettantismus assoziiert, Skizzen und Studien hatten Hilfscharakter oder lediglich »privaten« Status, und graphische Techniken wurden hauptsächlich zu Zwecken der Reproduktion verwendet. Hier befand sich Deutschland gegenüber Großbritannien oder Frankreich in einer besonderen Lage, vielleicht wegen der re-

86 Siehe M. Makela, *The Munich Secession. Art and Artists in Turn-of-the-Century Munich*, Princeton, N.J. 1990; Teeuwisse, *Vom Salon zur Secession;* Paret, *Die Berliner Sezession.*

87 BHSA, München, MK 14 359/1: Secessions-Vorstand an Kultusministerium, 14. Juni 1914.

88 *Erlebniße und Eindrücke, 1870-1890,* Berlin 1913, S. 63.

lativen Unentwickeltheit des deutschen Markts, wahrscheinlicher aber wegen der starken nationalistischen Anklänge des nachbiedermeierlichen historischen Kolorismus. Ungeachtet der Bemühungen in den sechziger Jahren, das Interesse für sogenannte »mindere Materialien« zu wecken, änderte sich in der Haltung erst gegen Ende des Jahrhunderts etwas; dazu trugen schließlich der Einfluß des Auslands, die Fortschritte in den Aquarell- und Pastellmaterialien sowie der photomechanischen Reproduktion bei. (Es gab natürlich auch das Beispiel Menzels, dessen Spätwerk nicht in Öl gemalt war.) 1887 fand die erste von drei internationalen Ausstellungen in Dresden statt, die Zeichnungen, Aquarellen und Pastellen gewidmet waren; die Preise lagen hoch, und die Werke stammten meist von männlichen Berufskünstlern.[89] Mindestens einer von diesen, Hans von Bartels, gründete seine Karriere zunehmend auf technisch innovativen, großformatigen Aquarellen.[90] Die Münchner und Dresdner Sezessionen setzten diesen Trend fort, und 1901 startete die Berliner Sezession eine reguläre Ausstellungsserie mit Zeichnungen. Später, nachdem viele erstklassige »Privatstücke« von wichtigen Künstlern bei der Jahrhundertausstellung 1906 in Berlin gezeigt worden waren, erkannte sogar die Neue Pinakothek an, daß diese Arbeiten vielleicht interessanter sein mochten als die »Galerie-Bilder« eines Künstlers.[91]

Es gab auch eine Wiederbelebung des Drucks, die von einigen deutschen Museen gefördert wurde. Im Kupferstichkabinett der Dresdner königlichen Galerie erleichterten Max Lehrs und Hans Singer den Zugang zum riesigen Besitz des königlichen Hauses, erwarben zeitgenössische Arbeiten und legten Sammlungen an, die sich nicht nur auf japanische Holzschnitte beschränkten, sondern auch Photographien, Plakate und Postkarten einschlossen. (Der

---

89 Siehe J.C. Jensen, *Von Wilhelm Leibl bis Lovis Corinth: Pastelle, Aquarelle und Zeichnungen (1865-1925) aus der Sammlung Georg Schäfer in Schweinfurt,* Schweinfurt 1984, S. 17; *Katalog der III. internationalen Ausstellung von Aquarellen, Pastellen, Handzeichnungen und Radirungen zu Dresden, 10. Aug. – 25. Sept. 1892,* Dresden 1892.

90 Siehe E. Heyck, *Hans von Bartels,* Bielefeld & Leipzig 1903.

91 BHSA, München, MK 14 278: Kommission für Gemälde u. Skulpturen neuerer Meister, Sitzungsbericht vom 13. Jan. 1908.

Ruhm dieser Abteilung war so groß, daß ihr die Gräfin Toulouse-Lautrec vier Zeichnungen ihres im Jahr 1901 verstorbenen Sohns schenkte.[92]) In Hamburg begannen die Kunsthalle und die von Lichtwark begründete *Gesellschaft Hamburgischer Kunstfreunde*, systematisch die graphischen Techniken wiederzubeleben, indem sie lokalen Künstlern mit Rat, Verkaufshilfe und sogar einer Drukkerei zur Seite standen.[93] Ende 1903 unterstützte die Gesellschaft eine wichtige Ausstellung von Drucken deutscher und ausländischer zeitgenössischer Künstler, die knapp 22 000 M Verkaufserlös einbrachte und offenbar die Nachfrage nach graphischen Werken auf dem Hamburger Markt steigerte.[94] (Der beispielhafte Katalog wurde von einer führenden Autorität, dem Hamburger Sammler Gustav Schiefler, zusammengestellt.) Lichtwark, der immer wachsam war, wenn es um die Geschmackserziehung ging, unterstützte nach Kräften die neue künstlerisch-lithographische Bewegung, die sich seit den neunziger Jahren entwickelt hatte und von der Zeitschrift *Pan* ermutigt wurde und besonders mit dem Karlsruher Künstlerbund verbunden war.[95] Auch die Preise stiegen, sowohl für die Arbeiten alter Meister als auch für zeitgenössische: Klingers Zyklus *Ein Leben*, der 1883 noch 450 M gekostet hatte, brachte es 1908 auf 6 700 M;[96] die Hamburger Ausstellung zeigte auch, daß ein lebhaftes Interesse an neuen Arbeiten bestand. Trotzdem blieben sogar herausragende Einzelstücke – von Whistler, Munch, Liebermann und sogar dem in Mode gekommenen Anders Zorn – erschwinglich, verglichen mit den Gemälden, zumindest erschwinglich genug, um jüngere und weniger wohlhabende

---

92 Dresden: *Sammlungsberichte*, 1902/3, S. 17.

93 A. Lichtwark, »Hamburgische Künstler«, in Warburg Institute, London, *Katalog der graphischen Ausstellung der Gesellschaft Hamburgischer Kunstfreunde 1903/4*, Hamburg 1903, S. 13-18.

94 G. Schiefler, »Die graphische Ausstellung der Gesellschaft Hamburgischer Kunstfreunde im Jahre 1903«, *Jb. der Gesellschaft Hamburgischer Kunstfreunde*, X (1904), S. 102ff.

95 M. Lehrs, »Die Kunst des Steindrucks«, *Pan*, II/3 (1896), 233ff.; A. Griffiths, »Starting again from scratch: lithography in Germany between the 1890s and the 1920s«, in P. Gilmour (Hg.), *Lasting Impressions. Lithography as Art*, London 1988, S. 183-208.

96 H.W. Singer, *Die moderne Graphik*, Leipzig 1914, S. 70.

Käufer anzuziehen.[97] Dies war besonders wichtig für die Avantgarde, die große Mengen an Drucken, Zeichnungen, Aquarellen und Arbeiten in anderen Materialien herstellte, und es war bezeichnend, daß Paul Klee 1914 Anerkennung fand, obgleich er bis dahin noch kein bedeutendes Ölgemälde ausgestellt hatte.

Zudem breitete sich, wenn auch später in Deutschland als in Holland, Frankreich oder England, der Kunsthandel großen Maßstabs aus. Obgleich es in den meisten großen Städten zu Beginn des 19. Jahrhunderts einschlägige Unternehmen gab, handelten diese neben Gemälden oft mit Büchern, Künstlerbedarf und anderen Erzeugnissen: In der *Zellerschen Niederlage für Kunst- und Gewerbefleiß* in München waren 1817 Gitarren, Spielzeug, optische Instrumente und Stiefel im Angebot.[98] Doch machte der ökonomische Aufschwung der fünfziger und sechziger Jahre den Handel mit Bildern zu einem eigenen Geschäftszweig, so daß 1871 der Münchner Kunstverein bemerken konnte: »Der Kunsthandel, welcher in einer alle bisherigen Erfahrungen überragenden Entwicklung begriffen ist und dem sich in neuerer Zeit Absatzgebiete von früher kaum geahnter Ausdehnung eröffnet haben, hat sich als ein sehr fühlbarer Concurrent bei der Erwerbung gediegener Kunstwerke erwiesen.«[99] (Spitzweg, dessen frühere Verkäufe bei Kunstvereinen schon erwähnt wurden, verkaufte in der zweiten Hälfte seiner Karriere hauptsächlich an Händler.[100]) An seinem 25. Geschäftsjubiläum im Jahr 1896 hatte E.A. Fleischmann, der die Crème der Münchner Schule und ausländische Bestseller wie Bonheur, Israels, Meissonnier und Munkaczsy handelte, sein 10000. Bild verkauft.[101] Weniger als ein Jahrzehnt später bezog die zweite

---

97 Siehe *Jahrbuch der Bilder- und Kunstblätterpreise. Verzeichniße der wichtigsten Versteigerungsergebniße des deutschen Kunstmarktes,* hg. v. E. Mennbier, II (1911), Wien 1912.

98 A. Zweite, »Aspekte der Münchner Landschaftsmalerei«, in *Münchner Landschaftsmalerei 1800-1850,* München 1979, S. 23.

99 SB/Mon, München: Kunstverein, *Jahresbericht,* 1871.

100 Siehe Verkaufsliste bei G. Roennefahrt, *Carl Spitzweg: Beschreibendes Verzeichnis seiner Gemälde, Ölstudien und Aquarelle,* München 1960.

101 *E. A. Fleischmann's Hofkunsthandlung, Jubiläumsschrift, 1871-1896,* München 1896, S. 4.

Inhabergeneration der Galerie Heinemann ein elegantes Anwesen auf dem Münchner Lenbachplatz, von wo aus sie ein großes Netzwerk von Kunden und Partnern in ganz Europa, Rußland, dem Nahen Osten und Amerika betreute.[102] Man muß dabei allerdings berücksichtigen, daß der Begriff »Kunsthandel« eine Vielfalt an Unternehmen umschloß, so zum Beispiel seit langem etablierte Firmen wie Commeter in Hamburg, Arnold in Dresden und Schulte in Düsseldorf und Berlin, aber auch Amateure, Trödler und zwielichtige Händler, sowie bizarre Subjekte wie den kaum des Lesens und Schreibens kundigen ehemaligen Totengräber Joseph Windhager: dieser notorische Fälscher, der u. a. mit großen Mengen an Aktbildern für den König von Siam handelte, hätte geradewegs einem Stück von Wedekind entstiegen sein können.[103] Lange Zeit haftete den Händlern eine dubiose Reputation an. »Gegenüber diesen Händlern«, so wurde dem Preußischen Abgeordnetenhaus 1884 mitgeteilt, »ist eigentlich die Berliner Börse ... wirklich noch das reine Kind; denn die Betrügereien und Anschmierungen ... sind im Kunsthandel eigentlich ebenso erlaubt, wie sie als sehr vorzüglich beim Pferdehandel angesehen werden.«[104]

Solche Urteile reflektierten zum Teil die durch Fälschungsprozesse erwiesene Tatsache, daß auch anerkannte Firmen manchmal fragwürdige Methoden anwandten;[105] zum Teil aber spiegelten sie auch das damalige Unbehagen über die Vorstellung, die Kunst sei zur Ware geworden. Aber nach 1900, als die Konkurrenz um alte Meister und klassische Kunst des 19. Jahrhunderts zwischen Museen und Privatsammlern zunahm, wuchsen Nützlichkeit und Status der Händler. Ein Kommentator schrieb 1913, daß kein Zweifel bestehen könne an der Bedeutung dessen, was Händler anböten, auch nicht daran, daß »dem Händler auch in seiner viel-

---

102 J. Kahn, *Münchens Großindustrie und Großhandel,* München [2]1913, S. 291-2; und Germanisches Nationalmuseum, Nürnberg, Archiv f. bildende Kunst [GNM/AbK, Nürnberg]: Heinemann-Archiv.

103 Siehe *Münch. Neuesten Nachr.,* 25. Nov. – 12. Dez. 1908, Nr. 552-82.

104 Preußen: *Abgeordneten-Haus,* 15. Leg.-Periode II. Sess. 1883/4, Bd. 2, 11. Feb. 1884 (v. Eynern), 1385.

105 Siehe J. Eltz, »Der große Bilderdiebstahl oder das ›originale‹ Fälschen«, in *Franz von Lenbach 1836-1904,* München 1987, S. 139-48.

sagenden Vermittlerrolle eine kunstgeschichtlich wichtige Mission vorbehalten ist, die der moderne Mensch nicht einfach mehr ignorieren darf.«[106]

Zweifelsohne gehörten die Gebrüder Heinemann zur Elite der Geschäftswelt mit ihrer Galerie in der Nähe der Großbanken und des Warenhauses Bernheimer, ihrer offiziellen Anerkennung (aufgrund der Akademie-Stipendien, die sie gestiftet hatten) und ihren engen Kontakten zur Neuen Pinakothek und anderen Museen in ganz Deutschland.

Gleichgültig, ob anerkannt oder nicht, die Händler spielten eine wichtige regulierende Rolle in der Flut der zeitgenössischen Kunstproduktion. Erfahrene Firmen waren geschäftlich sehr viel erfolgreicher als die Künstler, deren eigene Salons nur einen Bruchteil der Ausstellungsstücke verkauften, und auch diese oft nur zu Schleuderpreisen. (In der Praxis arbeiteten Künstlergesellschaften und -bünde oft eng mit den Händlern zusammen, wofür das Bündnis Cassirer-Sezession in Berlin nur das bekannteste Beispiel ist). Die Händler konnten auch Aufträge für Porträts besorgen und kombinierte Verträge abschließen, die Tourneen und Reproduktionsrechte einschlossen, und in einigen Fällen, da die geschäftliche Seite einer Künstlerkarriere immer lästiger wurde, übernahmen sie auch Manageraufgaben. Jedenfalls scheint es klar, daß um 1900 eine funktionierende Verbindung zu einem oder mehreren Händlern für jeden ehrgeizigen Künstler lebenswichtig wurde, auch wenn das Verhältnis zwischen Künstler und Händler allerlei Variationen unterworfen war und Exklusivverträge à la Durand-Ruel eher zu den Ausnahmen gehört haben dürften. Schließlich fungierten einige Firmen als Propagandisten und Trendsetter des Neuen (obwohl die meisten auf die erfolgversprechenden gängigen Arbeiten setzten): so Fritz Gurlitt für Böcklin in den achtziger Jahren, die Cassirers für den Impressionismus und Sezessionismus zur Jahrhundert-

106 G. Biermann, »Die Kunst auf dem internationalen Markt, 1: Gemälde aus dem Besitz der modernen Galerie Thannhauser, München«, *Der Cicerone,* V (1913), S. 309.

wende, Walden und Alfred Flechtheim für die internationale Avantgarde vor 1914.[107]

Beamte und Lehrer, Offiziere, Händler und Rentiers bildeten das Rückgrat der Kunstvereine und die Käuferschicht ihrer preiswerten Ware.[108] Vor den siebziger Jahren gab es wenige Sammler, die in großem Stil zeitgenössische Kunst sammelten. Graf Adolph von Schack, der Münchner Mäzen Böcklins, Feuerbachs, Marées' und des jungen Franz Lenbach, war in den fünfziger und sechziger Jahren noch eine isolierte Erscheinung: »Er zahlte erbärmliche Preise«, erinnerte sich Lenbach später, »aber er war der einzige, der überhaupt etwas bezahlte.«[109] Doch seit der Gründerzeit wollten schwerreiche schlesische Zechenbesitzer es neureichen Berliner Kunstliebhabern gleichtun, Kommerzienrat Schmeil und Odol-Magnat Karl August Lingner in Dresden wollten es mit Maximilian von Heyl in Darmstadt und Warburg, Simms und Behrens in Hamburg aufnehmen. Nach 1900 machte die Galerie Heinemann mit den meisten Führern der deutschen Industrie und des Handels Geschäfte, mit Krupp, Thyssen, Ballin, Rothschild und vielen anderen, die Hunderte oder Hunderttausende von Mark ausgaben für hochdotierte Münchner und Düsseldorfer Salonstücke und deren ausländische Gegenstücke – meist aus den Barbizon- und Haagschulen –, für Zeichnungen und Pastelle von Menzel, Bilder von Leibl, Thoma, Böcklin und deren Anhänger. 1914 gab es auch einen Markt für modernere Kunst, insbesondere für den französischen Impressionismus und Post-Impressionismus und seine deutschen Ableger sowie für die Arbeiten von van Gogh und Munch; die Cassirers nutzten ihre eigenen familiären und geschäftlichen Verbindungen sowie die von Max Liebermann aus, um ein Potential von wohlhabenden Käu-

---

107 Siehe Teeuwisse, *Vom Salon zur Secession,* S. 104ff; V. Tafel, »Paul Cassirer als Vermittler deutscher impressionistischer Malerei in Berlin. Zum Stand der Forschung«, *Zeitschrift des deutschen Vereins für Kunstwissenschaft,* XL (1988), S. 11-15; Godé, *Herwarth Walden; Alfred Flechtheim: Sammler, Kunsthändler, Verleger,* Düsseldorf 1987.

108 SB/Mon, München: Kunstverein, *Jahresbericht* 1905, Mitgliedschafts-Analyse.

109 Franz v. Lenbach, *Gespräche und Erinnerungen. Mitgeteilt von W. Wyl,* Stuttgart & Leipzig 1904, S. 48.

fern zu schaffen.[110] (Manche Sammler freilich, wie Tschudis Freund Arnhold, verbanden den Impressionismus mit konventionellen Arbeiten von etablierten Künstlern wie Max Koner oder Franz von Lenbach.)

Für Aufsichtsratszimmer waren Lenbachs »altmeisterliche« Porträts zeitgenössischer Helden sehr gefragt, und Heinemann verkaufte allein zwischen 1901 und 1913 sechsundzwanzig *Bismarcks (Abb. 8)*.[111] Die Unternehmensausgaben für Kunst nahmen zu, wobei man unterscheiden muß zwischen dem privaten Sammeln, »Geschäfts«ausgaben und Mäzenatentum aus allgemeineren, philanthropischen oder Prestigegründen. Die Krupps investierten zwischen 1850 und 1914 auf allen drei Gebieten, wobei sich die Schwerpunkte von einer Generation zur nächsten verschoben: Bilder für die Villa Hügel, Porträts als Geschäftsgeschenke und optische Werbung für die Firma; Geschenke an Museen und Unterstützung für eine Reihe anderer Projekte.[112] Am Vorabend des Krieges war der funktionelle Einsatz von Künstlern in Deutschland – für Produktgestaltung, Werbung und »amerikanische« Verschönerung des Arbeitsplatzes – sehr wichtig geworden. Besonders bekannt sind die Gestaltung der AEG sowie die des Norddeutschen Lloyd, der Riemerschmid, Paul und Olbrich engagierte, um ihre Dampfer auszustatten.[113] Genauso beachtenswert sind die Gestaltungspläne der Keksfabrik Bahlsen, die um 1910 zwei Gestalter vollzeit beschäftigte und enge Kontakte zum Werkbund unterhielt.[114] Die »corporate identity« von Bahlsen wurde geprägt durch Plakate von Behrens, Hohlwein und anderen führenden Graphikern, durch Schaufensterdekorationen, welche Puppen von Pritzel und Keramiken von Debschitz verwendeten, sowie durch neugestaltete Fabrik- und Büroräume in Hannover. Sogar

110 Tafel, »Paul Cassirer als Vermittler deutscher impressionistischer Malerei in Berlin«.

111 GNM/AbK, Nürnberg, Heinemann-Archiv: Künstler-Kartei, Lenbach.

112 R. Köhne-Lindenlaub, »Private Kunstförderung am Beispiel Krupp«, in Mai et al., *Kunstpolitik und Kunstförderung im Kaiserreich*, S. 55-81.

113 K. Schäfer, »Der Norddeutsche Lloyd und die moderne Raumkunst«, *Dekorative Kunst*, XVI (1908).

114 Joppen, »Die Hannoversche Keksfabrik Hermann Bahlsen«.

Hermann Bahlsens Sammlung moderner Kunst wurde zumindest teilweise zum Vorteil seiner Angestellten erworben, und 1913 traten die von der Firma herausgegebenen *Leibniz-Blätter* dafür ein, daß die Industrie die alte Mäzenatenrolle von Kirche und Staat übernehmen solle.

Hier muß nochmals auf die Bedeutung der wachsenden Integration des deutschen Kunstmarkts und auf seine internationalen Verbindungen hingewiesen werden. Dies war besonders wichtig im Falle Münchens. Die meisten von Heinemanns Kunden und die meisten Käufer bei den Salons lebten nicht in der Stadt, und von den 3 Mio. Mark, die in den großen Glaspalast-Ausstellungen zwischen 1889 und 1894 ausgegeben wurden, stammte weniger als ein Zehntel von privaten Anwohnern;[115] dies als Hinweis auf das organische Bindeglied zwischen Kunstmarkt und Tourismus. Das München des späten 19. Jahrhunderts blieb eine vergleichsweise kleine und wenig industrialisierte Residenzstadt: es gab keine ausreichende ökonomische Basis für seine große Künstlergemeinschaft, die durch königliches Mäzenatentum künstlich erzeugt worden war. (Dies galt, wie es scheint, bis 1900, bevor wohlhabende neue Bewohner daran etwas änderten.) Bis in die sechziger Jahre hatte die Stadt zunehmend von ihrer geographischen Lage am Schnittpunkt zweier großer Eisenbahnlinien profitiert: von Nordeuropa nach Italien und von Paris zum Balkan; und je attraktiver sich Oberammergau, Ludwigs II. Schlösser und die Museen und Theater in der Hauptstadt präsentierten, desto mehr wurden reiche Fremde zur wichtigsten Erwerbsquelle für die Künstler. Schon lange vor dem Baedeker und dem künstlerisch illustrierten Reisejournalismus à la *Gartenlaube* hatte sich eine symbiotische Beziehung zwischen dem Tourismus in Mitteleuropa und den bildenden Künsten herausgebildet. Um 1800 hatten Landschafts- und Vedutenmaler begonnen, die Schweizer, Bayerischen und Tiroler Alpen populär zu machen, später wurden diese Gebiete kunstvoll als »Erholungsgebiete« für den städtischen Besucher präsentiert; in gleicher Weise können die Bemühungen der Künstler

115 SB/Mon, München: Künstlergenoßenschaft, *Jahresberichte* 1889-94.

Dresdens, Düsseldorfs und Münchens als Teil einer bürgerlichen Souvenirindustrie angesehen werden.[116]

Viele der Käufer waren Ausländer, und zwei Fünftel der Einnahmen bei den erwähnten Münchner Ausstellungen kamen aus dem Ausland. In der Mitte des 19. Jahrhunderts waren dies hauptsächlich Engländer, so daß in den sechziger Jahren das Wort »Engländer« gleichbedeutend gewesen zu sein scheint mit »reicher Kunstkäufer«.[117] Im Süden spielten auch Besucher aus Österreich-Ungarn eine bedeutende Rolle. Immer wichtiger wurden jedoch die Amerikaner, deren Bedeutung in keinem Verhältnis zu ihrem zahlenmäßigen Auftreten stand; Düsseldorf und später auch München profitierten enorm von diesen transatlantischen Verkäufen. 1884 gingen Ölgemälde im Wert von über 420 000 M aus der bayerischen Hauptstadt nach Amerika; dies entsprach mehr als dem elffachen Wert der Kunstexporte von Düsseldorf und fast dem vierfachen von Berlin.[118] Zwischen 1889 und 1894 erreichten die amerikanischen Erwerbungen im Glaspalast 556611 M; das war fast die Hälfte aller Einnahmen aus ausländischer Quelle.[119] Andererseits sorgten die hohen amerikanischen Zölle ab 1883, ökonomische Schwankungen und eine langfristige Umorientierung amerikanischer Interessen auf andere Märkte, besonders nach Frankreich, für Instabilität und Zukunftssorgen. Diese steigerten die Bemühungen um eine Wiederbelebung der Münchner Kunst, deren Krönung die Sezession war. Sie heizte auch die Kontroverse über die Weltausstellung in St. Louis im Jahr 1904 an, indem die USA als »der Hauptkunstmarkt der Zukunft« beschrieben wurde.[120] Schließlich führte die Sorge über die enttäuschenden Exporte so-

116 Siehe z. B. R. Lenman, »Art and Tourism in Southern Germany, 1850-1930«, in: A. Marwick (Hg.), *The Arts, Literature and Society,* London & New York 1990, S. 163-180.

117 *Briefe von Josef Viktor von Scheffel an Anton von Werner,* S. 88 (24. Juni 1868).

118 *United States Consular Reports,* 1885, Nr. 52 (April 1885), S. 881; u. s. auch S. v. Möller, »Kunsthandel und Kunstexport. Ein Markt für gehobene Schichten«, in Prinz & Krauß, *München – Musenstadt mit Hinterhöfen,* S. 248-52.

119 S. oben, Anm. 115.

120 RT, Verhandlungen Bd. 192, 15. Feb. 1904, 1018-9 (E. Müller-Meiningen); s. auch Paret, *Die Berliner Sezession,* Kap. 4.

wohl bei den bayerischen wie auch bei den Reichsbehörden zu einer unter der Hand geförderten Ausstellung »German Art«, die 1909 in New York, Boston und Chicago zu sehen war: ein Beispiel kultureller Weltpolitik, die dazu dienen sollte, sowohl das allgemeine Bild Deutschlands zu fördern, als auch dazu, Bilder zu verkaufen.[121] Da die Ausstellung vorgeblich inoffiziell und von dem deutsch-amerikanischen Geschäftsmann Hugo Reisinger organisiert war, konnten der konservative ADKG und der Kaiser auf Distanz gehalten werden und unter dem fortschrittlichen Etikett des »Plein-Airismus« Arbeiten von Liebermann, Leistikow und sogar von dem *Simplicissimus*-Zeichner Eduard Thöny einbezogen werden. Wie auch immer die genauen ökonomischen Auswirkungen dieser Ausstellung gewesen sein mögen, der amerikanische Kunstkauf dauerte bis zum Kriegsausbruch auf einem beachtlichen Niveau fort. 1913 belief sich der jährliche Wert an Ölgemälden, die direkt aus München kamen, auf mehr als 1,5 Mio Mark,[122] und zwischen 1902 und 1912 nahmen die Heinemanns die hübsche Summe von 230 000 M netto allein von Kunden aus Chicago ein:[123] dies war eine Abhängigkeit vom Export, welche die späteren Unterbrechungen der Kriegszeit um so schmerzhafter wiegen ließ.

Tatsächlich stellten die Erlöse aus Gemäldeverkäufen nur einen kleinen Teil von Deutschlands Auslandseinnahmen dar, 1907 beispielsweise gerade 0,15 %.[124] Aber ideologisch gesehen war der Kunsthandel mit dem Ausland eine sehr viel empfindlichere Angelegenheit als andere Branchen. Es gab eine Tradition des kulturellen Nationalismus, die mindestens bis ins 18. Jahrhundert zurückreichte und viele Kritiker, Theoretiker und Kunst-Mandarine wie Werner dazu führte, die deutsche Kunstproduktion als etwas Lebenswichtiges zu betrachten, das nicht zerstreut (auch Lichtwark beklagte die Exportorientierung der Künstler[125]) oder durch äu-

121 Siehe Geh. Staatsarchiv, München, MA 92 358.

122 *Zeitschrift des bay. statistischen Landesamtes,* XLVI (1914), S. 269-70.

123 GNM/AbK, Nürnberg, Heinemann-Archiv: Orts-Kartei, Chicago.

124 Drey, »Der Kunstmarkt«, S. 22.

125 »Der junge Künstler und die Wirklichkeit«, *Jb. der Ges. Hamburgischer Kunstfreunde,* XV (1909), S. 60

ßere Beeinflussung, besonders von Seiten Frankreichs, infiziert werden sollte. Natürlich war der französische Einfluß beträchtlich und wurde keinesfalls überall abgelehnt. Französische und belgische historische Malerei beherrschte die Anfänge des deutschen historischen Kolorismus in den dreißiger und vierziger Jahren und wurde bevorzugt in den neuen öffentlichen Galerien von Hamburg oder Leipzig gezeigt. Courbet wurde 1869 in München gefeiert und ausgezeichnet; und den Gefallen, den das wilhelminische Berlin an moderner französischer Kunst fand, erwähnten wir bereits. Erwähnt wurde aber auch die Heftigkeit der Reaktion; führende Kommentatoren prangerten die »Bedrohung« durch Importe an und sahen internationale Ausstellungen als Balzwettbewerbe zwischen feindlichen Kulturen.[126] Frankophobie nährte die Debatten über Realismus, Naturalismus und die Sezessionen und inspirierte 1911 Vinnens *Protest deutscher Künstler*. Teilweise war dies ein Nebenprodukt der Kämpfe über die Museumspolitik in München und anderswo, es spiegelte aber auch die Furcht vor einem frankophilen Establishment von Kritikern, Händlern und Museumsleuten wider, die der herkömmlichen Kunst feindlich gegenüberstanden, abgesehen von tieferen Strömungen völkischer Xenophobie. Ihr Einfluß war vor 1914 beschränkt, und der Gegenangriff auf Vinnen, der von Kandinsky und Walden und deren Freunden gestartet wurde, fand breite Unterstützung.[127] In den ökonomisch schwierigeren Nachkriegszeiten allerdings sollte sich eine sehr viel stärkere Bewegung für kulturelle Autarkie entwikkeln.

Zwei der wichtigsten Eigenschaften des deutschen Kunstmarkts 1914, seine internationale Ausrichtung und die wachsende Rolle der Händler, waren für die Etablierung der Vorkriegsavantgarde lebenswichtig, für Künstler, deren sehr persönliche und zunehmend anti-naturalistische Vision sie automatisch vom großen Teil der Öffentlichkeit entfremdete. »Dem Meister, der der Kunst

126 Siehe z. B. K. v. Lützow, »Die internationale Kunstausstellung in München«, *Zeitschr. f. bildende Kunst,* V (1870), S. 24.

127 *Im Kampf um die Kunst: Die Antwort auf den »Protest deutscher Künstler«*, München 1911.

neue Entwicklungslinien und Wege vorzeichnet«, schrieb der Marktexperte Paul Drey 1910, »... ihm fehlt notwendig die Basis eines gegenwärtigen Bedürfnisses. ... Wem die Kunst ihr Köstlichstes gibt, dem versagt sie sein tägliches Brot.«[128]

Trotz Unverständnis und Mißbrauch erlangten doch eine Reihe von Malern vor dem Krieg kritische Anerkennung und einen gewissen materiellen Erfolg. Eine eindrucksvolle Gruppe von Kritikern, Gelehrten und Museumsleitern schloß sich zusammen, um Kandinsky im Frühjahr 1913 gegen einen Angriff zu unterstützen, und zu dieser Zeit war es selbst einem halbpopulären Blatt wie der *Kunst für Alle* möglich, eine intelligente Kritik des *Blauen Reiter* zu drucken.[129] Aber der wichtigste Faktor war das Interesse von Käufern und Händlern in Deutschland und im Ausland.

Deutsche Sammler, die bereit waren, über den Plein-Airismus und seine immer noch naturalistischen Ableger hinauszublicken, waren eine kleine, verstreute und ziemlich heterogene Gruppe.[130] Unter ihnen waren der Mäzen des *Blauen Reiter*, Bernhard Koehler in Berlin, der Baron August von der Heydt in Elberfeld, Karl Ernst Osthaus in Hagen und der Kölner Tabakhändler Joseph Feinhals, ein führendes *Sonderbund*- und *Werkbund*-Mitglied, der seine Villa von Ernst Ludwig Kirchner dekorieren ließ. Während des Krieges kam Hermann Bahlsen dazu, der 1915 abstrakte Bleiglasfenster für seine Hannoveraner Fabrik bei Adolph Hölzel in Auftrag gab; sodann ein anderer wichtiger Hölzel-Mäzen in Hannover, der Hersteller von Pelikan-Füllfederhaltern, Fritz Beindorff, und der Kaffeehändler Markus Kruss, der 1916/17 seine Plein-Airismus-Sammlung verkaufte, um expressionistische

128 P. Drey, *Die wirtschaftlichen Grundlagen der Malkunst. Versuch einer Kunstökonomie,* Stuttgart & Berlin 1910, S. 64-5.

129 H. Tietze, »Der Blaue Reiter«, *Die Kunst für Alle,* 1. Sept. 1912, S. 543-50.

130 Siehe Hesse-Frielinghaus et al., *Karl Ernst Osthaus;* R. Hilscher, »Joseph Feinhals, Tabakhändler, Sammler und Mäzen«, in *Der westdeutsche Impuls,* Köln, S. 283-7; Die Sammlung des Freiherrn August von der Heydt: Ausgewählte Werke der Kunst der Gegenwart, hg. v. C. G. Heise, Leipzig 1918; Beiträge von B. v. Bismarck (Keßler), B. Söntgen (Kruss) & S. Schmidt (Koehler) in *Zeitschrift des deutschen Vereins für Kunstwissenschaft,* XL (1988); zu Beindorff, W. Venzmer, *Adolf Hölzel. Leben und Werk,* Stuttgart 1982, S. 30ff.

Werke zu kaufen. Keiner dieser Männer hatte viel mit dem jungen Einsiedler Franz Kluxen gemein, der davon träumte, eine *»Blaue Reiter* Villa« auf der Nordseeinsel Föhr zu bauen.[131] Sie verband ein breiterer Horizont als ihre Gründerzeit-Väter, und ein visueller Sinn, der durch den beruflichen Kontakt mit modernen Grafikern und Architekten geschärft wurde. Auf anderen Gebieten waren sie nicht unbedingt radikal: van Dongens Porträt von der Heydts beispielsweise zeigt diesen mit allen Insignien eines wilhelminischen Prominenten.[132] Andere Sammler, Abonnenten von Drucken der *Brücke* oder Käufer beim Barmer Kunstverein mögen vielleicht die theosophischen, antimaterialistischen Ideen geteilt haben, die man den Expressionisten zuschrieb; auch mögen sie von einem kommerzialisierten Jugendstil ermüdet gewesen sein oder einfach glücklich, intensive und außergewöhnliche Bilder, besonders Graphiken, zu Sonderpreisen zu erhalten.

Die führenden Gruppen der Avantgarde hatten erstaunlicherweise wenig Schwierigkeiten, kommerzielle Kanäle zu finden. Richter und Gutbier in Dresden zeigten schließlich die *Brücke*,[133] wie auch das Kaufhaus Tietz in Düsseldorf, das ebenfalls französische und belgische zeitgenössische Maler und den Sonderbund beherbergte.[134]Alfred Flechtheims Düsseldorfer Galerie, die im Dezember 1913 eröffnete, wurde bald zu Westdeutschlands wichtigstem Schaufenster für die Pariser und deutsche Avantgarde.[135] Der Theaterreformer und Beobachter der Avantgarde Georg Fuchs notierte im Juni 1909: »Es besteht bei den führenden Kunsthandlungen ein gewisser Wettstreit bezüglich der Heranziehung gerade junger und neuer Talente.«[136] Um 1910 hatten Kandinsky, Marc und ihre Freunde Verträge mit drei progressiven Händlern, mit Thannhau-

131 *August Macke-Franz Marc: Briefwechsel,* hg. v. W. Macke, Köln 1974, S. 135, Macke an Marc, 1. Juli 1912.

132 *Die Sammlung des Freiherrn August von der Heydt,* Nr. 164.

133 Siehe D. Gordon, »Kirchner in Dresden«, *Art Bulletin,* XLVIII (1966), 335-61.

134 J. Hülsewig, »Moderne Kunst in Düsseldorfer Galerien«, in *Der westdeutsche Impuls,* Düsseldorf 1984, S. 185-91.

135 Siehe oben, Anm. 107.

136 Stadtarchiv, München, Kulturamt 189: Fuchs an Verwaltungsrat des städt. Austellungs-Areales, 21. Juli 1909.

ser, Brakl, und Goltz (später auch mit Max Dietzel), die später mit Picasso, Kokoschka und Schiele in Verbindung standen. Doch die Beziehungen zwischen den Künstlern des *Blauen Reiter* und ihren Händlern wurden immer schwieriger, weshalb die Zusammenarbeit mit dem Besitzer des *Sturm*, Herwarth Walden, die im März 1912 begann, zu einer willkommenen Wende führte.[137] Trotz chronischen Geldmangels erwies sich Walden als der perfekte Händler und Manager, der auch die Arbeiten der Künstler schätzte und bewunderte. Er wickelte die unzähligen Kleinigkeiten ab, die bei Ausstellungen, gerichtlichen Klagen und Geschäftsbesprechungen anfielen, betreute potentielle Käufer und stellte mit Hilfe seines *Sturm* die unerläßliche Öffentlichkeit her. Vor allem aber verwandte er sehr viel Energie darauf, Bilder durch den nord- und mitteleuropäischen Ausstellungsbetrieb zu schleusen, vielleicht auch, weil der vom Impressionismus dominierte Berliner Markt so schwer zu durchdringen war. So kündigte er beispielsweise im Juni 1913 Engagements an für Brüssel, Wiesbaden, Frankfurt, Aachen, Karlsruhe, Budapest und die ungarische Provinz, Königsberg, Christiania (Oslo), Lund, Stockholm und Helsingfors (Helsinki).[138] (Erstaunlicherweise bot er diese Dienste zu einer bescheidenen Kommission von 10-15 % an, verglichen mit den 25-33 %, die beispielsweise für die schleppenden Bemühungen von Goltz zu zahlen waren.[139]) Die psychologischen und finanziellen Auswirkungen von Auslandsverkäufen, gleichgültig, ob durch Walden vermittelt oder nicht, dürfen nicht unterschätzt werden. »Ein Prinz von Siam hat den Münchner Kunsthandel halb ausgekauft«, teilte Marc im Mai 1913 Walden mit, »von Kandinsky und mir auch Kleinigkeiten; wandert alles in die Residenz Siam!«[140] Wenige Monate später berichtete er, der Amsterdamer

137 Siehe M. Strauß, »Kandinsky and *Der Sturm*«, *Art Journal*, XLIII (1983), S. 31-5.

138 Städtische Galerie, München, Gabriele-Münter-Stiftung: Walden an Münter, 11. Juni 1913.

139 Städt. Gal., München, Gabriele-Münter-Stiftung: Walden an Kandinsky, 22. Aug. 1912; Kandinsky an Goltz (Entwurf), 12. Sept. 1912; Walden an Münter, 18. Jan. 1913; GNM/AbK, Nürnberg, Nachlaß Marc, FM Ib/6a: Goltz-Rechnung, ca. Aug. 1912.

140 Preuß. Staatsbibl., Berlin, Handschriftenabt., StAHW: Marc an Walden (Karte), 10. Mai 1913.

Sammler Willem Beffie sei plötzlich aufgetaucht und habe drei Bilder für »2 600 Mk!!!« gekauft. Er fügte hinzu: »Also können wir mit unseren Preisen ruhig bei der Stange bleiben.«[141] Doch auch amerikanische Händler waren wichtig, und nach der Armory-Ausstellung schuf Kandinskys Verbindung mit dem Rechtsanwalt A. J. Eddy aus Chicago einen transatlantischen Brückenkopf, der nur wegen des Kriegsausbruchs nicht gefestigt werden konnte.[142]

Im simplen, aber handfesten quantitativen Maßstab gesehen, waren die bildenden Künste 1914 in Deutschland sehr viel wichtiger, als sie es 1871 waren. Es gab sehr viel mehr Maler (professionelle und Amateure), Entwerfer und kommerzielle Graphiker, Studenten der Akademien und Kunstschulen, Händler, Farbengeschäfte, Modelle und Hilfspersonal; Kunstvereinsmitglieder, Ausstellungsbesucher, Leser von Kunstzeitschriften, akademische Kunsthistoriker und Kinder, die auf der Schule eine künstlerische Erziehung genossen. Die öffentlichen Ausgaben für die bildenden Künste hatten sprunghaft zugenommen. Museen hatten sich ausgebreitet, sie hatten imposantere Gebäude, größere Etats und steigende Besucherzahlen: die königliche Galerie in Dresden beispielsweise verzeichnete im Jahr 1879 165 653 Besucher und 1903 über 300 000.[143] Das Wachstum der illustrierten Bücher und Zeitschriften war eindrucksvoll, und die Belegschaft der deutschen graphischen Industrie wuchs allein zwischen 1882 und 1907 um mehr als das zweieinhalbfache: auf über 400 000.[144] Zahlen über den »Kunstkonsum« sind weniger genau und schwieriger zu interpretieren. So ist es auf den ersten Blick beispielsweise rätselhaft, daß nur eine Minderheit von Privatsammlungen, die in zeitgenössischen Nachschlagewerken verzeichnet sind, aus Gemälden bestanden oder solche einschlossen: 1914 waren es in Berlin nur 154 von

141 Preuß. Staatsbibl., Berlin, Handschriftenabt., StAHW: Marc an Walden (Karte), 23. [?] Juli 1913.

142 Siehe H. K. Röthel & J.K. Benjamin, *Kandinsky. Catalogue Raisonné of the Oil-Paintings, I, 1900-1915*, London 1982, Nr. 437, 441, 452, 455, 468, 477, 484, 492-500.

143 Dresden: *Sammlungsberichte*, 1878/9, 8; 1902/3, 6.

144 *Statistik des Deutschen Reichs*, CCXI (1913), Anhang, 34.

1069; und moderne Arbeiten – seit der Mitte des 19. Jahrhunderts – kamen in nur 28 von ihnen vor, das sind gerade 2,6%.[145] Diese Zahlen sagen über die wirkliche Nachfrage nach Bildern jedoch genausowenig aus wie die Anzahl von Möbelsammlungen über den Verkauf von Mobiliar. Es scheint deshalb nicht abwegig anzunehmen, daß in jedem Jahrzehnt seit 1860 Zehntausende von Gemälden und Originaldrucken in die Hände von Privaten wanderten.

Im 19. Jahrhundert erfüllte die Kunst mehr sozio-politische Zwecke als je zuvor. Früher dienten Kunstwerke als Symbole königlicher und aristokratischer Macht, waren Ausdruck von Gottesdienst und Gedächtnis von Orten und (wichtigen) Personen. Einige dieser Funktionen blieben nach 1800 bestehen, doch kamen neue oder als neu definierte hinzu. Eine der wichtigsten war die Propaganda, die hauptsächlich mit Großaufträgen von Dynastien, Regierungen und privaten Gruppen verbunden war: die Propaganda, sowohl den Nationalismus zu stärken als auch, angesichts der Aushöhlung traditioneller Strukturen durch Industrialisierung und Säkularisierung, »zivilisierte« Werte.

Diese Ziele waren natürlich miteinander verbunden. Die Vorstellung, Kunst, speziell das historische Gemälde, sei ein Mittel zur Einflößung von Nationalbewußtsein, wurde zu Beginn des Jahrhunderts von Peter Cornelius und seinen Anhängern energisch propagiert und später von den Kunstvereinen und ähnlichen Gruppen wieder aufgenommen, wenn auch mit wichtigen Akzentverschiebungen. Historische Schlüsselepisoden wie das Hohenstaufenreich, die Reformation und die Befreiungskriege wurden rekonstruiert, um die Aspirationen des nationalistischen Bürgertums und seine selbstempfundene Rolle in der Entwicklung der nationalen Kultur wiederzugeben. Zur rechten Zeit wurden die Ereignisse der deutschen Einigung in ähnlicher Manier neu gestaltet, wobei die Regierungen viel Geld ausgaben, um den Beitrag ihrer eigenen Monarchen, Staatsmänner und Generäle bei der Schaffung des modernen Deutschland zu idealisieren. (Zwischen 1889 und

145 J. Zenker (Hg.), *Pantheon ... Ein Handbuch für das Sammelwesen der ganzen Welt*, Esslingen 1914, 38-57.

1902 gab allein Preußen mehr als 2½ Millionen Mark für Monumentalaufträge aller Art aus.[146]) Je spezialisierter die wissenschaftliche Geschichtsschreibung wurde, desto wichtiger wurden wahrscheinlich leicht faßliche Bilder, die von Buchillustrationen bis zum kommerziellen Panorama reichten und den Sinn für eine gemeinsame Vergangenheit aufrechterhielten, welche natürlich dahin tendierte, die politische und soziale Ordnung der Gegenwart zu legitimieren. An diesem Punkt ging deshalb die nationalistische Funktion der Kunst in ihre »zivilisatorische« über: daher die Nachfrage nach Arbeiten, die von Thema und Beschaffenheit her (handwerkliche Ausführung und Detailgenauigkeit) bürgerliche Werte wie Disziplin, Fleiß und Idealismus bestätigten sowie nach Museen, in denen jeder anständige Bürger Erbauung suchen konnte. Doch der Begriff »anständig« wirft die Frage auf, wie tief hinunter in die Sozialstruktur der Einfluß der Kunst reichen mochte, insbesondere die Frage, ob die Arbeiterklasse, die immer mehr als Hauptbedrohung für die »Zivilisation« angesehen wurde, Zugang zu ihr hatte. Im Jahr 1859 wurde zum Beispiel der junge Karl Fischer, der gerade in Berlin angekommen war, um eine Anstellung als Bäckergeselle zu finden, aufgrund seiner Kleidung von einem Museum in brüsker Manier abgewiesen. »Da war mir die Sache zu dumm«, schrieb er später, »und ich bedauerte das ganze Berlin mitsamt seinem Museum und seiner ganzen Herrlichkeit, und nahm mir vor, mein lebelang in kein Museum mehr zu gehen.«[147] Andere kulturelle Einrichtungen waren ebenso furchteinflößend, und sogar das Panorama war vermutlich zu teuer für die durchschnittliche Arbeiterfamilie. »Nur selten fällt ein Lichtstrahl der Kunst in die kahle, rauhe Nüchternheit des Arbeiterlebens«, hieß es noch 1909 in einem sozialistischen Pamphlet.[148] Ein Ziel der bürgerlichen Kunsterziehungsbewegung nach 1900 war es, diesen Zustand abzumildern. Diese nahm sich vor, die »öden Gefäng-

146 With, *The Prussian Landeskunstkommission,* S. 31.

147 *Schilder, Bilder, Moritaten. Sonderschau des Museums für Volkskunde im Pergamon-Museum 25. Sept. 1987-3. Jan. 1988,* Berlin (O.) 1987, S. 5.

148 *Künstlerischer Wandschmuck. Eine Anregung und ein Verzeichnis.* Hg. vom Bildungsausschuß der Sozialdemokratischen Partei Deutschlands, Berlin 1909, S. 5.

nismauern unserer Klassenräume« zu verschönern, wie es ein Lehrer ausdrückte,[149] und zur Produktion von erschwinglichen Lithographien guter Qualität für den Hausgebrauch beizutragen. Obwohl es schwierig ist, etwas über den Erfolg dieser Bemühungen vor 1914 auszusagen, wurden die Produkte einiger Verleger, meist sanft eskapistische Genredarstellungen, vom Erziehungskomitee der SPD gebilligt, da sie dem Arbeiter zu Hause zeigten, »was alles ihm noch fehlt, wieviel Schönheit und Lebensgenuß ihm eine ungerechte Gesellschaftsordnung vorenthält«.[150]

In einer Zeit raschen und oftmals alarmierenden Wandels war die gemeinschaftliche Nutzung oder Verpflichtung der Kunst überaus wichtig: daher ihre regelmäßige, immer wiederkehrende Betonung durch nationale Führungsfiguren wie Wilhelm II. und die entsprechende Forderung, »negative« Bilder zu unterdrücken; daher die Schwierigkeit, für eine Ansicht Gehör zu finden, der Künstler sei lediglich »der Träger und der Getragene seiner Visionen, seiner inneren Gesichte«.[151] Doch die Kunst hatte auch wichtige private Funktionen, am offensichtlichsten die des Statussymbols. In seinem vergoldeten Rahmen aus Holz und Gips, obligat trotz seiner Protzerei und seiner Kosten,[152] diente das Ölgemälde dazu, die sozialen und kulturellen Aspirationen seines Besitzers zu signalisieren – ähnlich den ledergebundenen Ausgaben der Klassiker, Musikinstrumenten und anderer Salonstaffage. Eine hypothetische Werteskala reichte von den alten Meistern und Prominentenporträts des wohlhabenden Fabrikanten bis hinab zu drittrangigen oder seriengefertigten Gemälden, Radierungen des Kunstvereins und photographischen Reproduktionen im Besitz des Angestellten: dies war die soziokulturelle »Grundlinie«, unterhalb derer das verarmte Milieu des Proletariats lag, das der »Bildung« und dem »Ideal« nicht einmal symbolisch Tribut zollte.

149 *Kunsterziehung. Ergebnisse und Anregungen des Kunsterziehungstages in Dresden am 28. und 29. September 1901,* S. 114f. (Köhler).

150 S. oben, Anm. 149, S. 9.

151 Godé, *Herwarth Walden,* S. 256.

152 »W«, »Der Goldrahmen als Gemälde-Einfassung«, *Deutsches Kunstblatt,* II/44 (1. Nov. 1851), S. 349f.

Aber Bilder waren Teil eines größeren Ganzen, vor allem während der Blütezeit der »deutschen Renaissance« oder des »altdeutschen« häuslichen Einrichtungsstils, für den Publizisten wie Georg Hirth, Architekten und Gestalter wie Lorenz Gedon und Gabriel Seidl und die Kunstgewerbevereine der Gründerzeit Werbung machten. Mehrere Gründe können für die starke und dauerhafte Anziehungskraft dieser Bewegung geltend gemacht werden. Der erste war ihr Anspruch, eine nationale Bewegung zu sein, die Deutschlands imperiale Macht symbolisierte und in der Lage war, die ästhetische Vorherrschaft Frankreichs herauszufordern. So war es das Ziel der Ausstellung für angewandte Kunst in München 1876 (dessen Hauptstück Werners Skizze für das Mosaik der Berliner Siegessäule war), »Deutschland auch auf dem Gebiete der Kunst und Kunstindustrie jener Wiedergeburt entgegen zu führen, die uns anderen Völkern gegenüber eben so groß erscheinen läßt, wie auf politischem Gebiete, und wo uns dieselben begeisternden Traditionen vor Augen schweben, wie sie der Machtentfaltung des neuen Reiches als geschichtliche Grundlage gegeben waren.«[153] (Der Stil war auch in einem anderen Sinn »national«, da moderne Technik und neue synthetische Materialien wie Zelluloid, Guttaporcha und Preßglas es möglich machten, die Artefakte der Neo-Renaissance in die Reichweite des Massenpublikums zu bringen.[154]) Der zweite Grund lag darin, daß der Kult des »Altdeutschen« gut zum Anspruch des städtischen Bürgertums paßte, die wichtigste kuturschaffende Gruppe der Gesellschaft zu sein. In seinem einflußreichen Essay von 1876 erkannte der österreichische Kunsthistoriker Rudolf von Eitelberger den Beitrag der deutschen Fürsten bei der Verbeitung der Renaissance an; »aber vor allem«, so betonte er, »war diese Kunstrichtung *heimisch in den Städten* und die *bürgerlichen Gewerbe waren daselbst die eigentlichen Trä-*

153 »Zweck und Ziel der allgemeinen deutschen Kunst- und Kunstindustrieausstellung in München«, *Die Kunstchronik*, XI/34 (2. Juni 1876), S. 540.

154 Siehe W. Gabler, »Surrogate. Material und Technikimitation in der Kunst des 19. Jahrhunderts«, in A. Thiekötter & E. Siepmann (Hg.), *Packeis und Preßglas. Von der Kunstgewerbebewegung zum Deutschen Werkbund. Werkbund-Archiv*, XVI, Berlin 1987, S. 115-26.

ger der Renaissance geworden ...«; und es waren Handwerker und Angehörige der Gilden («die Träger des Fortschritts in bürgerlichen Kreisen«), die der deutschen Bewegung ihre unverwechselbare Prägung gegeben hatten: »künstlerisch-gewerblich, bürgerlich-tüchtig und charaktervoll«.[155] Bei den gewaltigen Bastionen königlicher und aristokratischer Macht in Bismarcks Deutschland hatte Eitelbergers Behauptung »Wie in der deutschen Renaissance, so liegt auch heute die Kraft der Nation im Bürgerthum«[156] eine natürliche und machtvolle Ausstrahlung. Außerdem wurde die Renaissance-Mode gegen Ende des 19. Jahrhunderts mit dem Kult um das eigene Heim identifiziert. (Auch dies hatte einen quasi-politischen Subtext: bourgeoise Ordnung und Gemütlichkeit standen hier gegen aristokratische Liederlichkeit.) »Im Hause ruhen wir aus von des Tages Lasten«, schrieb Hirth, »hier leben wir mit den Liebsten, die wir auf der Welt haben, hier legen wir alle guten Keime in die Herzen unserer Kinder.«[157] Bei der Ausstellung von 1876 waren die Zimmer aus der *Dürerzeit* von Gabriel Seidl und Anton Pössenbacher besonders erfolgreich, die durch ihre undurchsichtigen Fenster, behaglichen Nischen und die dunkle Holztäfelung, die an den Wald denken ließ (praktischerweise zusammenklappbar und transportabel, um einer immer mobileren städtischen Bevölkerung Rechnung zu tragen) zu Ausrufen führte wie »Ach wie urgemütlich, wie poetisch!« und junge Paare anzog, »welche sich in dieser emfindungskühlen Zeit von dem satten warmen Ton der Umgebung innerlich erwärmen und lieblich anheimeln« ließen.[158]

Das Renaissance-Revival hatte, wie wir im letzten Kapitel sahen, bedeutende Implikationen für die bildende Kunst als Teil eines häuslichen Gesamtkunstwerks. (Einige Händler verdoppelten sich zu Innenarchitekten: Keller & Reiner in Berlin, zum Bei-

155 »Die deutsche Renaissance und die Kunstreformbestrebungen der Gegenwart«, I, *Zs. f. bildende Kunst,* XI (1876), S. 82.

156 Ibid., S. 111.

157 Hirth, *Das deutsche Zimmer der Renaissance,* S. 2.

158 S. Lichtenstein, »Die deutsche Kunst- und Kunst-Industrieausstellung in München«, *Zs. f. bildende Kunst,* XI (1876), S. 290.

spiel, bekamen den Spitznamen Besteller & Schreiner.) Sowohl das Aussehen der altdeutschen Einrichtung als auch seine Funktion als »bester Hort unserer Tugenden« (Hirth)[159] und Zuflucht vor dem kapitalistischen »Kampf ums Dasein« paßten zu den dunklen Tönen und den eskapistischen Themen der gängigen Malerei. Auch hier gab es eine proportionale Skala von Kosten und Authentizität: Während Einrichtungs-Experten empfahlen »Mit ein paar guten alten Porträts des sechzehnten oder siebzehnten Jahrhunderts ist ein Zimmer gar bald vortrefflich decorirt«,[160] mußten die meisten sich mit zeitgenössischen Nachahmungen aus den Salons begnügen, wenn nicht gar mit kolorierten Photoreproduktionen, die wie Gemälde aussehen sollten. Ob alt oder neu, echt oder gefälscht, die dunkle, pseudonaturalistische Historienmalerei war unauflöslich verbunden mit dem altdeutschen Stil: alles durchdringend, von nationalistischer Ideologie stark untermauert und für viele *das* Symbol schlechthin für das kulturelle Ethos des kaiserlichen Deutschland; wen wundert es da, daß Heinrich Manns widerlicher wilhelminischer »Untertan« Diederich Hessling sich einen »neu altdeutschen« Salon zulegt zusammen mit einer Figur des Trompeters von Säckingen im 2/3-Maßstab, die zwischen den Statuetten des Kaiserpaars steht.[161] Man braucht wohl kaum noch einmal darauf hinzuweisen, welche Schwierigkeiten dies für die Bereitschaft, moderne internationale künstlerische Bewegungen zu akzeptieren, hervorrief.

Die Bedeutung der Kunst hatte voraussehbare Konsequenzen für den Status der Künstler. Noch um 1780 sahen sich die Münchner Beamten im Vergleich zu den Malern als halbe Fürsten an,[162] doch ein Jahrhundert später hatte sich der Status der letzteren, nicht nur in München, radikal gewandelt. Ein Teil der Erklärung liegt in der Reaktion gegen die Säkularisierung und den Materialis-

---

159 S. oben, Anm. 158, S. 29.

160 J. v. Falke, *Die Kunst im Hause. Geschichtliche und kritisch-ästhetische Studien über die Decoration und Ausstattung der Wohnung,* Wien [4]1882, S. 287.

161 *Der Untertan,* München (dtv) 1964, S. 295.

162 Lorenz Westenrieder, zit. bei Zweite, »Aspekte der Münchner Landschaftsmalerei«, S. 22.

mus des 19. Jahrhunderts: die besten Maler des kaiserlichen Deutschland wurden als Verkünder spiritueller Wahrheiten verehrt, und die Anhänger von Böcklin und Klinger dachten sich heiligenschreinartige Rahmen für deren Werk aus. »Ein Brief von Ihnen wäre eine Reliquie«, schrieb der junge Egon Schiele an Franz von Stuck in einem Brief, der keineswegs untypisch ist für die andächtige Verehrung erfolgreicher Künstler.[163] Aber vielleicht noch wichtiger war die Verbindung zwischen Kunst und Nationalismus. Besonders in den vierziger und fünfziger Jahren des 19. Jahrhunderts hatten Künstler wenig Schwierigkeiten, sich und ihre Organisationen als Vorposten und Mikrokosmos der kommenden Nation zu sehen, die eine idealisierte historische Vergangenheit nicht nur in ihren Bildern, sondern auch in ihren Festspielen und Umzügen wiedererschufen. Auch hier waren die Wiederentdeckung der Dürerzeit und der wachsende Dürerkult seit dessen 400. Todestag im Jahr 1828 von besonderer Wichtigkeit. Die Künstler des 19. Jahrhunderts scharten sich um ein nationales Symbol von außergewöhnlicher Kraft, indem sie den Meister aus Nürnberg, den mittelalterlichen Handwerker, den *gentiluomo* der Renaissance und vermeintlichen Begründer moderner deutscher Kunst als eine Art weltlichen Schutzpatron feierten. »Die ihn nicht kennen«, schrieb der Kunsthistoriker Hermann Grimm 1873, »denen fehlt ein Theil Kenntnis unserer Geschichte, die ihn kennen aber, für die muß, wo Dürer genant wird, sein Name einen Klang haben, als wenn gesagt wird: Deutschland, Deutschland«.[164]

In materieller Hinsicht bedeutete dies, daß man in nie dagewesenem Ausmaß zu Ruhm und Geld kommen konnte. »Die bedeutenderen Künstler werden von den Bestellungen der Liebhaber fast erdrückt«, schrieb Friedrich von Uechtritz 1839 in dem bereits zitierten Band, »und es wird beinahe als eine nur durch Bitten und Schmeicheleien zu erlangende Gunst angesehen, von einem Derjenigen, die sich den höchsten Beifall des Publikums errungen ha-

---

163 Privatsammlung, Baldham: Brief vom 15. Feb. 1908.

164 *Albrecht Dürer. Sammlung gemeinverständlicher wissenschaftlicher Vorträge,* hg. v. R. Virchow & W. Wattenbach, XVI, Berlin 1873, S. 44.

ben, ein Bild zu erhalten.«[165] Daran änderte sich während der Kaiserzeit nichts; man bezeichnete diese Jahre in ganz Europa als »goldenes Zeitalter für den lebenden Künstler.«[166] Doch dies war nur ein Aspekt eines komplexeren Bildes. Auf der Schattenseite gab es, wie auch in anderen Zweigen kultureller Produktion, ein Übergewicht des Angebots über die Nachfrage auf einem so gut wie unregulierten Markt; es gab die Unfähigkeit der Künstler, ein kollektives Druckmittel in die Hand zu bekommen, um ihre Interessen, den anderen Berufen ähnlich, durchzusetzen; schließlich der Umstand, daß um 1914, trotz ihrer palastartigen Häuser und ihrem fürstlichen Lebensstil, der Einfluß von Deutschlands führenden Künstlern auf das staatliche Mäzenatentum und die Kulturpolitik eindeutig abnahm. Im nächsten Kapitel sollen diese Kontraste am Beispiel Münchens, eines der wichtigsten Kunstzentren Deutschlands, untersucht werden.

165 S. oben, Anm. 1, S. 3ff.

166 G. Reitlinger, *The Economics of Taste. The Rise and Fall of Picture Prices 1760-1960*, London 1961, Kap. 6.

III

Maler in München: Eine Gemeinde im Wandel

»Seine [Franz von Stucks] Einrichtung ist erschreckend großartig und empfangen wird man wie bei einem Fürsten, möcht' ich sagen.« (Paul Klee, 1900).[1]

»In den letzten beiden Wochen war ich bei allen einschlägigen Kunsthändlern und habe ihnen meine kleinen Pastellbilder gezeigt, um ein paar Mark zu verdienen, aber sie haben alle eine verbindliche Art, ›nein‹ zu sagen. Ich bot die Bilder zu solch niedrigen Preisen an, daß ich mich hinterher schämte ... aber ich bin zufrieden, daß weder der Preis noch die Qualität der Bilder etwas damit zu tun hatten. Ich bin für sie ein Unbekannter. Einer bemerkte, daß wenn ich ein Defregger oder ein anderer ebenso bekannter wäre – dann sah er mich an und zuckte mit den Schultern, was so viel heißen sollte wie: wir würden es mit geschlossenen Augen nehmen und Ihren Preis bezahlen. (Sion Longley Wenban, 1889).«[2]

Zum Zeitpunkt von Ludwigs II. Tod, im Jahr 1886, war München vermutlich das wichtigste kunstschaffende Zentrum im deutschsprachigen Europa. Schon die Zahlen verdeutlichen dies: Am 1. November 1886 gab es in der Stadt offiziell 795 Maler und 148 Bildhauer,[3] außerdem Graveure, Lithographen, Architekten und mehrere hundert Studenten. Um 1895 hatte sich die Zahl der professionellen Maler und Bildhauer auf 1180 erhöht, das waren

1 Klee, *Briefe,* I, S. 93.

2 Zit. bei O.A. Weigmann, *Sion Longley Wenban 1848-1897. Kritisches Verzeichnis seiner Radierungen mit einer biographischen Einführung,* Leipzig 1913, S. 12-13.

3 *Adressbuch für München,* 1887, Teil 2, S. 43-56.

13,3 % der in Deutschland ansässigen.[4] Sogar 1910, als Groß-Berlin München im Hinblick auf die Größe der Künstlergemeinde überrundet hatte, beherbergte die bayrische Hauptstadt mehr Künstler als alle anderen deutschen Städte zusammen, in denen Kunst unterrichtet wurde.[5] Besonders auffällig war die Anziehungskraft, die München auf Ausländer ausübte. Eine ganze Generation amerikanischer Realisten studierte in den siebziger Jahren dort; es gab eine gut etablierte Kolonie von polnischen Malern, aber auch Skandinavier, Griechen, Ungarn, Russen und ab und zu sogar Franzosen. Trotz eines allmählichen Rückgangs der ausländischen Studentenzahlen seit den achtziger Jahren stellten diese im Wintersemester 1913/1914 immer noch mehr als ein Viertel der gesamten Studentenschaft.[6]

Zweifelsohne spielte der Ruhm der Münchner Akademie dabei eine große Rolle. In den fünfziger Jahren hatte sie die Düsseldorfer vom ersten Platz unter Mitteleuropas führenden Ausbildungsstätten verdrängt und bekam ein weltweites Ansehen durch die Reputation des Meisters des historischen Kolorismus, Karl Theodor von Piloty.[7] Das Prestige von Pilotys Kollegen und seinen Nachfolgern (er selbst starb 1886), u.a. Diez, Löfftz, Höcker und Stuck, trug dazu bei, daß Maler wie Kandinsky, Jawlensky und Klee um die Jahrhundertwende nach Bayern kamen; die Akademie stand auch 1914 noch in hohem Ansehen. Doch gab es auch andere Gründe für Münchens Beliebtheit bei den Künstlern. Einer war die riesige Kunstsammlung der Wittelsbacher, die durch die sehr viel kleinere, aber interessante 19. Jahrhundert-Galerie des Grafen Schack ergänzt wurde. Außerdem besaß die bayrische Hauptstadt ein für ihre mäßige Größe (597 000 Einwohner um 1910) lebhaftes Musik- und Theaterleben sowie Kontakte zur internationalen Kultur, die, zumindest vor der Jahrhundertwende, für viele Neuankömmlinge aus entlegenen Gegen-

4 Drey, *Die wirtschaftlichen Grundlagen der Malkunst,* S. 71ff.

5 *Statistik des Deutschen Reichs,* CCIX (1910), S. 47-67, S. 439-63 usw.

6 Statistik bei BHSA, München, Allg. Abt., MK 14 155.

7 H. Ludwig, »Piloty, Diez und Lindenschmit – Münchener Akademie-Lehrer der Gründerzeit«, in *Die Münchner Schule,* S. 61-73.

den Europas und aus Amerika wie eine Offenbarung wirkten. Das intellektuelle Leben außerhalb der Universität und das gesellschaftliche Leben außerhalb des Königshofs spielte sich in einer Vielzahl von Stammtischen und Clubs ab, in denen Wert gelegt wurde auf Einfachheit, Egalitarismus und interorganisatorische Beziehungen. Auch war die Sexualmoral angeblich laxer als in anderen Städten,[8] obgleich dieser Ruf in Wirklichkeit wahrscheinlich hauptsächlich auf der Ausnutzung von Modellen, Ladenmädchen und Kellnerinnen beruhte – wie anderswo auch. (Schon Klee bemerkte anläßlich des Treffens mit seinem zukünftigen Schwiegervater, dem einschüchternden Medizinalrat Stumpf, daß Mädchen aus dem Bürgertum davon eindeutig ausgeschlossen waren.[9]) Schließlich wirkten die Reize der umliegenden Landschaft, die noch verstärkt wurden durch das besondere Klima und Licht der Voralpen und durch die üppigen Spuren einer tiefverwurzelten Bauernkultur. Marktstädte wie Dachau und Murnau und kleinere Gemeinden wie Sindelsdorf und Frauenchiemsee boten Erholung vom städtischen Betrieb und seinen Rivalitäten, und doch waren sie nicht allzu fern von den Kunsthändlern und Ausstellungen. Es überrascht daher nicht, daß das ländliche Oberbayern nicht nur eine der florierendsten konventionellen Schulen der Landschaftsmalerei des 19. Jahrhunderts besaß, sondern von der Vorkriegsavantgarde auch als eine Art europäisches Tahiti erlebt wurde.[10]

Trotz dieser allgemeinen Charakteristika des künstlerischen Lebens in München ist es wichtig, zwei unterschiedliche Phasen in der Geschichte der Gemeinde seit den fünfziger Jahren zu unterscheiden, zumal es in den dazwischenliegenden achtziger Jahren eine Übergangsphase gab. Die erste Phase war – auf dem Hintergund schnellen Wirtschaftswachstums – von Optimismus und Reichtum gekennzeichnet, wobei Künstler bequem vom interna-

8 Siehe z. B. T. Goering, *Dreissig Jahre München: Kultur- und kunstgeschichtliche Betrachtungen,* München 1904, S. 90f.

9 Siehe Briefwechsel zw. Paul Klee, Hans Klee und Med.-Rat Stumpf im Sommer 1902, in Klee, *Briefe,* I.

10 C. Weiler, *Alexej von Jawlensky,* Köln 1959, S. 54.

tionalen Markt leben konnten. Die damals herrschende Stimmung wurde vom englischen Kritiker J. Beavington Atkinson eingefangen, einem der vielen Besucher aus dem Ausland, die zur gefeierten II. Internationalen Ausstellung von 1869 kamen. »Den Malern scheint es gut zu gehen«, berichtete er, »ihre Ateliers sind geräumig und zwischen pittoresken Gärten gelegen; es scheint, daß ihnen die Bilder von der Staffelei weg gekauft werden. Die Münchner Schule ist in der Tat vom liberalen Mäzenatentum der Reisenden begünstigt; insbesondere die Amerikaner glauben, daß man unbedingt ein Bild aus München nach Hause tragen muß, und sie haben zweifelsohne Recht. Man kann Geld auf keine intelligentere Art ausgeben, nirgends bringt es mehr ein.«[11]

Diese günstigen Bedingungen setzten sich, trotz einiger Schwierigkeiten wie dem französisch-preußischen Krieg, dem Bankenkrach von 1873 und der Cholera-Epidemie von 1874 bis in das nächste Jahrzehnt fort. Hauptursache für den Wandel war die Einführung eines 30%igen Importzolls im Jahr 1883, der die lukrativen Transatlantikverkäufe der Künstler bedrohte und eine neue Epoche ankündigte, die bis 1914 dauern sollte und wirtschaftliche Unsicherheit, Krise und Neuorientierung brachte. Dazu kam, daß die Prinzregentenzeit eine ständige Schwächung der politisch konservativen, aber kulturell liberalen bayerischen »Ministerialrepublik« erlebte, obwohl mit Beginn der Regentschaft von Prinz Luitpold 1886 die Dynastie wieder in ihre Hauptstadt zurückkehrte, nachdem diese unter Ludwig II. mehr als ein Jahrzehnt vernachlässigt worden war. Parallel dazu gewann die katholische Zentrumspartei an Macht; sie stand, wie wir gesehen haben, der modernen Kultur und großen öffentlichen Ausgaben für die Künste feindlich gegenüber. Auch stellte die Hundertjahrfeier der Berliner Akademie 1886 eine nicht zu übersehende Herausforderung an Münchens Status als erste deutsche Kunststadt dar, obwohl bayerische Künstler auf dieser Ausstellung die Gelegenheit hatten, gute Geschäfte zu machen.

---

11 J. Beavington Atkinson, »Munich International Exhibition. With Notes on German Art«, *The Art Journal,* N.S. VIII (1869), S. 327.

Solche ökonomischen und politischen Veränderungen, zusammen mit künstlerischen Neuerungen, transformierten die Struktur und den Zusammenhalt der Künstlergemeinde unvermeidlicherweise. In den siebziger und frühen achtziger Jahren bot sie der Welt ein Bild von Eintracht und Einheit, das immer wieder durch spektakuläre Künstlerfeste betont wurde. Nach der – in der Tat sehr erfolgreichen – Internationalen Ausstellung 1888 vollzog sich jedoch eine Spaltung, die im April 1892 inmitten heftiger Kontroversen zur Bildung des *Vereins bildender Künstler Münchens*, der Sezession, führte.[12] Ludwig Dill, später Präsident der neuen Gesellschaft, beschrieb die erste Ausstellung im Juli 1893 hinterher als »das Resultat eines jahrelangen bitteren aufreibenden Kampfes, begleitet von Intrigen schlimmster Art, von Hass und Verrat!!«[13] Der Hauptgrund für diese Entwicklung war das Vorhaben der progressiven Mitglieder der wichtigsten Künstlerorganisation, der *Künstlergenossenschaft*, zu ihren regulären Ausstellungen im Münchner Glaspalast Arbeiten von außerhalb und aus dem Ausland jährlich einzuladen – und nicht nur, wie bis dahin üblich, alle vier oder fünf Jahre. Es gab aber noch viele andere Fragen, die auch für Zeitgenossen schwer zu entwirren waren. Wahrscheinlich darf die Bedeutung stilistischer Fragen dabei nicht überbetont werden, obwohl die Sezessionisten im Gegensatz zu ihren Kollegen, die im Atelier arbeiteten, allgemein einen plein-airistischen Stil bevorzugten. Es gab starke Ressentiments gegen die Dominanz des künstlerischen Lebens durch konservative Größen wie Franz von Lenbach und seine Freunde. Doch die Sezessionisten reagierten in erster Linie auf langfristige Marktveränderungen und hofften zu einer Zeit auf eine Wiederbelebung des künstlerischen Lebens in München, als viele ihrer Kollegen über die ausländische Konkurrenz besorgt waren. Deshalb lehnten sie den riesigen Umfang, den Kommerzialismus und die provinzielle Qualität der Glaspalast-Ausstellungen ab, die der Genossenschaft durch demo-

12 Siehe insbes. Makela, *The Munich Secession.*

13 GNM/AbK, Nürnberg, Nachlaß Ludwig Dill: »Lebenserinnerungen« (handschr.), S. 64.

kratischen Druck aufgezwungen wurden. »Unser Programm«, schrieb Dill, »war kurz und einfach: Ausstellungen von ausgewählter Kunst, in künstlerisch vornehmer Aufmachung, keine Verkaufsware, Zuziehung von ausländischen Werken«.[14] Nachdem sie einmal etabliert war, stellte die Sezession auch große Mengen an Arbeiten aus: zwischen 1900 und 1908 waren es im Durchschnitt 730 Bilder pro Jahr, die internationalen Ausstellungen von 1901 und 1905 nicht gerechnet.[15] Doch diese Zahl lag noch immer unter der Durchschnittsmenge der Genossenschaft (2415 im selben Zeitraum), und die neue Gruppe stellte nicht nur zweimal jährlich aus, sondern kümmerte sich auch intensiv um die Hängung.

Letzten Endes schaffte es die Sezession nicht, ihren ursprünglichen, ziemlich radikalen Ansprüchen gerecht zu werden. Anders als ihre Schwesterorganisation in Berlin zog sie bald mit dem konservativen Establishment gleich in Bezug auf königliche Begünstigung, staatliches Mäzenatentum, Titel und Einfluß. Die Führer der Sezession und der Genossenschaft verstanden sich bald prächtig und arbeiteten zusammen gegen neue Projekte, die ihre gemeinsamen Interessen zu bedrohen schienen. Die Jury-Auswahl war für beide ein Glaubensartikel, und 1909 stellten sie sich beide dem neu gegründeten *Deutschen Künstlerverband* entgegen, der das Prinzip des freien Zugangs zu Ausstellungen befürwortete.[16] Obgleich die Sezession 1906 Klees frühe Radierungen ausstellte,[17] lehnte sie im selben Jahr alle neun von Kandinsky eingereichten Bilder ab,[18] und ihr Image und ihre Orientierung wurden immer konservativer. Dies traf sogar auf ihre Haltung gegenüber ausländischer Kunst zu. Ironischerweise hatte die Künstlergenossenschaft als Antwort auf die ursprüngliche Spaltung ihre Ausstellungen

14 Ibid., S. 61.

15 Drey, »Der Kunstmarkt«, S. 170f.

16 Stadtgalerie, Würzburg, Nachlaß Hugo v. Habermann: Briefe von Hans v. Faber du Faur & Hans v. Petersen an Habermann, 26. Mai & 1. Juli 1909; Stadtarchiv München, Kulturamt 189.

17 Klee, *Briefe,* I, S. 647.

18 Stadtgal. Würzburg, Nachl. Habermann: Kandinsky an Secessions-Ausschuss, 1. Juni 1906.

sehr viel internationaler gestaltet. Doch das konservative Mißtrauen gegen ausländische Entwicklungen blieb stark und sickerte schließlich auch in die Sezession ein, so daß mehrere ihrer führenden Mitgleider Karl Vinnens *Prostest deutscher Künstler* von 1911 unterstützten.[19] Diese allmähliche Verkalkung beschleunigte die Fragmentierung der Künstlergemeinschaft und führte zur Bildung neuer Gruppen, wie der *Phalanx*, der *Neuen Künstlervereinigung*, dem *Blauen Reiter* und der *Neuen Sezession*, wie auch vieler obskurer Vereinigungen. Aber einige wichtige Künstler – Wilhelm Trübner, Max Slevogt und Lovis Corinth, die u.a. durch die Gleichgültigkeit oder Feindschaft der Sezession entfremdet worden waren – gingen für immer von München fort. Ihr Weggang verstärkte das Unbehagen über die künstlerische Zukunft der Stadt.

Künstlergesellschaften waren zweifelsohne wichtig für ihre Mitglieder und wurden es danach auch für Kunsthistoriker. Doch der Sozialhistoriker (wie vielleicht die Angehörigen der Künstler zu jener Zeit) interessiert sich mehr für die horizontalen, ökonomischen Spaltungen innerhalb des Berufs als für die vertikalen von Richtung und Stil. 1887 stellte ein scharfsichtiger Beobachter der Münchner Szene fest, daß der Status des Künstlers in der lokalen Gesellschaft sehr hoch war: gleichrangig dem eines Offiziers, aber abgestuft je nach Wert oder Erfolg seiner Bilder.[20] Die Abstufung war entscheidend: die Künstlergemeinde hatte die Struktur einer Pyramide, und wahrscheinlich gab es in ihr größere Einkommensunterschiede als in jedem anderen »freien Beruf«. Oben stand ein Establishment von Erfolgreichen, das noch überragt wurde von einer kleinen Elite reicher Zelebritäten. Weiter unten gab es eine Mittelschicht, die sich je nach ökonomischen Bedingungen vergrößerte oder verkleinerte und deren Angehörige sich wenigstens einen bescheidenen Mittelschicht-Lebensstandard leisten konnten. Zuunterst waren die ums Überleben kämpfenden und die Verzweifelten: Münchens »Künstlerproletariat«. Die Position des Künstlers in der Pyramide hatte wenig zu tun mit seiner sozialen Her-

19 *Ein Protest deutscher Künstler, mit Einleitung von Karl Vinnen*, Jena 1911.
20 Goering, *Dreissig Jahre München*, S. 112f.

kunft (obwohl ein Privateinkommen sicher von Nutzen war, vor allem zu Beginn der Karriere); im Gegenteil, wie der ehemalige Offizier Otto von Faber du Faur sich beklagte, war es für einen Mann militärischer oder aristokratischer Herkunft nicht einfach, Anerkennung als ernsthafter Künstler zu finden.[21] Einige Akademiestudenten waren von sehr einfacher Herkunft;[22] und die Karriere von »Malerfürsten« wie Franz (von) Lenbach, Franz (von) Stuck und Franz (von) Defregger – Söhne eines Bauunternehmers, eines Müllers und eines Tiroler Bauern – zeigten, wie Männer von bescheidenem Ursprung zu höchsten Auszeichnungen kommen konnten: nicht nur zu Wohlstand, sondern zu Ruhm, Zugang zum Hof, Erhebung in den Adelsstand und zu einem gewissen politischen Einfluß. Auch spielten persönliche Faktoren – Lenbachs Talent, die Reichen und Berühmten zu bezaubern, Stucks sozial ehrgeizige amerikanische Frau – zweifellos eine Rolle in diesen Erfolgsgeschichten. Alles entscheidend war jedoch die Fähigkeit eines jeden, die verschiedenen Einkommensquellen, die einem Künstler zur Verfügung standen, auszunutzen.

Was auch immer die romantischen Vorstellungen gewesen sein mögen, die über die Berufung des Künstlers gegen Ende des 19. Jahrhunderts noch umhergeisterten, es wurde allgemein anerkannt, daß das Hauptkriterium des beruflichen Erfolgs der Verdienst war. »Man hat nicht allein das Recht«, erklärte Hermann Grimm, »so rein auf das Äußerliche zu setzen und danach abzuschätzen, sondern auch die Verpflichtung, diejenigen, welche sich dieser [künstlerischen] Laufbahn zuwenden wollen, auf den unausbleiblichen Eintritt dieser Berechnung aufmerksam zu machen.«[23]

Wichtig, wenn auch nicht am lukrativsten, war der Verkauf von Originalen, und eines Künstlers Ansehen hing, ganz wie heute auch, von den Preisen ab, die er für ein bestimmtes Thema und ein bestimmtes Format erzielen konnte. Allerdings kann man genaue Informationen über Preise nur schwer erhalten. Ausstellungskata-

21 F. v. Ostini, *Hugo von Habermann,* München 1912, S. 62.
22 BHSA, München, Allg. Abt., MK 14 173/4: Stipendien-Gesuche.
23 *Albrecht Dürer,* S. 37f.

loge führen selten Preise auf, und in fast jedem Fall waren die Künstler gezwungen, große Preisnachlässe zu gewähren. So beschwerte sich Dill im November 1900: »Dieser W. in Berlin ist eine gottsträfliche zudringliche Wanze. Er will nichts zahlen und läßt sich eine Galerie am liebsten schenken. Bei mir war's so. Ich sandte ein kleines Bild. Preis statt 700 aus besonderer Rücksicht auf seine Verhältnisse nur 500! Da schickt der Kerl 350 mit einem so herzzerreißenden Jammerbrief, daß mir nichts anderes übrig blieb, als es ihm zu dem letzten Preis zu lassen!«[24]

Die staatlichen Ankäufe für die Neue Pinakothek sind zwar gut dokumentiert, doch das öffentliche Mäzenatentum führte zu Preisverzerrungen. Manchmal gab der Staat aus Gründen der Kunstpolitik große Summen für Arbeiten aus, die sich normalerweise gar nicht verkauft hätten. So wurden beispielsweise fast 60 000 M für Karl Pilotys riesige *Thusnelda im Triumphzug des Germanicus* von 1869-73 ausgegeben, als Piloty einen Ruf aus Berlin ablehnte;[25] und 1892 wurden 40 000 M für F. A. von Kaulbachs *Grablegung Christi*[26] ausgegeben, vermutlich als Ausgleich für dessen Dienste als Akademiedirektor in den fünf vorangegangenen Jahren. Sehr viel öfter wurde das Prestige der staatlichen Sammlungen dazu eingesetzt, Preisreduktionen bis zu 50% durchzusetzen. Wilhelm Trübner schrieb über sein Einverständnis, für sein Bild *Im Atelier* im Juni 1899 nur 2 500 M zu erhalten: »Obwohl es mir sehr bitter ankam, so weit herunterzugehen, so habe ich doch das Gebot unumwunden angenommen, in Rücksicht auf den Vorteil, daß es in die Pinakothek kommt.«[27] Nur wenige Künstler widerstanden dieser Taktik und verkauften anderweitig; unter ihnen befanden sich im Jahr 1901 Slevogt und 1902 Stuck.[28]

---

24 Stadtgal., Würzburg, Nachl. Habermann: Dill an Habermann, 29. Nov. 1900.

25 *Neue Pinakothek München: Erläuterungen zu den ausgestellten Werken,* München 1981, *Kunstchronik,* X/20 (26. Feb. 1875), Sp. 318.

26 BHSA, München, Allg. Abt., MK 18 136: Vertrag vom 24. Feb. 1892.

27 Main-Fränkisches Museum, Würzburg, Nachl. Weigand: Trübner an Weigand, Juni 1899.

28 Geh. Hausarchiv, München, Kab.-Akten P.R. Luitpold 23: Slevogt an Albert Wenk, 11. Juni 1901; Anmerkung zu Stucks *Franz v. Stuck und seine Frau,* 1902.

Im Jahr 1882 verkaufte Wilhelm Leibl sein Meisterwerk *Drei Frauen in der Kirche* für 43 000 M an einen privaten Sammler *(Abb. 9)*.[29] Obwohl es sehr viel weniger war als das, was sich Leibl für seine jahrelange Mühe in der Kirche von Berbling erhofft hatte, war dies eine der höchsten Summen, die einem deutschen Künstler zu jener Zeit bezahlt wurden. Wenige Jahre später bezahlte der Staat jeweils 12 000 M für zwei Exemplare modischer religiöser Malerei: 1885 für Gabriel Max' *Ekstatische Jungfrau Katharina Emmerick* und 1887 für Albert Kellers *Erweckung des Töchterlein Jairus*.[30] Mitte der neunziger Jahre wurde behauptet, Lenbach sei der Maler, der am meisten verdiene, nämlich 10-12 000 M pro Auftrag.[31] Jedoch waren fünfstellige Summen, ja schon Preise über 4 000 M höchst selten und wurden nur von einer kleinen Elite erzielt. Von den 139 Objekten, die für die Lotterie des Münchner Kunstvereins im Februar 1901 gekauft worden waren und unter denen sich Arbeiten so angesehener Künstler wie Anders Andersen-Lundby, Christian Mali, Alexander Koester und Hugo Kotschenreiter befanden, hatte nur eines 1 000 M gekostet und 106 (73,6 %) waren für 500 M oder weniger gekauft worden.[32] Im Jahr zuvor hatten die Cassirer-Vettern Habermann gewarnt (mittlerweile stellvertretender Vorsitzender der Sezession und in der Berliner Nationalgalerie vertreten), in Wien 4 000 österreichische Kr. (etwa 3 400 M) für ein kleineres Bild zu verlangen. In einem aufschlußreichen Brief schrieben sie: »Soviel wir unterrichtet sind, ist das ein Preis, den kein deutscher Künstler in Wahrheit erzielt. Fürchten Sie nicht, durch solche Preise die Amateure so abzuschrecken, daß sie gar nicht mehr wagen nach Ihren Bildern zu fragen? Für ein Bild dieser Größe, wenn es nicht etwa sehr viele Figuren enthält, werden selbst einem Maler, der vom Publikum sehr bevorzugt wird, nicht mehr als 2 000 bis 4 000 M gezahlt; der

29 Mayr, *Wilhelm Leibl,* S. 137-41.

30 BHSA, München, Allg. Abt., MK 14 308: Kultusminister Lutz an Ludwig II, 2. Mai 1885; MK 14 280: Lutz an Central-Gemälde-Galerie-Direktion, 16. Dez. 1887.

31 *Münch. Neuesten Nachr.,* 4. Juli 1894, Nr. 303: Löfftz, Defregger: Aussagen vor Gericht.

32 SB/Mon, München, Kunstverein: *Jahresbericht* 1900.

letztere Preis gilt schon als exorbitant. Bei Bilderpreisen muß man nie glauben, was erzählt wird. Die Wirklichkeit bleibt da weit hinter der Sage zurück.«[33]

Die Richtigkeit dieser Angaben wird von den Salon-Listenpreisen, die Prinzregent Luitpold übergeben wurden, bestätigt. So brachten beispielsweise von 178 Ölbildern, die 1907 in vier von fünf Monaten bei der Ausstellung im Glaspalast verkauft wurden, nur zehn 4 000 M oder mehr ein, und von diesen kosteten nur vier zwischen 10-19 000 M (zwei davon kamen vom kurz davor verstorbenen Wilhelm von Diez). Von 35 Bildern in Öl oder Tempera, die Mitte September des Vorjahrs auf der Hauptausstellung der Sezession verkauft wurden, lagen nur zwei über 3 000 M, eins davon war Stucks *Frühling* für 12 000 M.[34] In den fünf Jahren vor 1914 scheint auf einigen Teilen des Markts ein offensichtlicher Preisanstieg erfolgt zu sein: für den sezessionistischen Plein-Airismus zum Beispiel und die farbenfrohe, dekorative Malerei von Künstlern wie Leo Putz. Es bleibt jedoch zu vermuten, daß die meisten Münchner Maler ihre Preise nach Hunderten statt Tausenden von Mark ansetzten.

Einzelne Preise sagen jedoch wenig über das Einkommen oder den Reichtum eines Künstlers. Der Perfektionist Leibl vollendete nur eine kleine Zahl größerer Werke; aber er führte ein einfaches Junggesellenleben auf dem Lande, hatte minimale soziale Verpflichtungen und verschaffte sich wahrscheinlich einen Großteil seiner Nahrung durch die Jagd. Der überaus produktive Lenbach verfügte sicherlich über ein größeres Einkommen, mußte aber einen »fürstlichen« Lebensstil, eine Familie und zwei aufwendige Wohnsitze unterhalten. Die Blumenmalerin Marie Nyl, die allein zwischen 1900 und 1914 106 Bilder durch die Galerie Heinemann verkaufte, konnte sich auf bescheidenerem Niveau ein vermutlich bequemes Leben leisten, obwohl ihre Preise durchweg unter der 1 000-Mark-Grenze lagen.[35] Ihr Spezialgebiet erforderte außerdem

33 Stadtgal., Würzburg, Nachl. Habermann: Brief vom 15. Feb. 1900 (Kopie).

34 Geh. Hausarchiv, München, Kab.-Akten P.R. Luitpold 19, 20; Ludwig, *Kunst, Geld und Politik*, 122-38.

35 GNM/AbK, Nürnberg, Heinemann-Archiv: Künstler-Kartei.

nur geringe Produktionskosten, während Landschaftsmaler Reisen aufs Land bezahlen mußten, *animaliers* Tiere und Betreuer brauchten, und Porträtmaler eine Umgebung, die gebührende Würde verlieh und in vielen Fällen die Dienste von Photographen. Am kostspieligsten war jedoch die Historienmalerei, und dies auch außerhalb Münchens: so kostete Georges Rochegrosses spektakuläre, archäo-erotische *grande machine Der Sturz Babylons*, die 1892 im Glaspalast eine Sensation war, etwa 40 000 Franken in drei Jahren, einschließlich der 8 000 Fr. für das Material, 12 000 Fr. für Modelle und Dekor und 2 250 für die Beratung durch einen Fachmann für Perspektive.[36]

Eine andere, potentiell sehr lukrative Einkommensquelle waren die Tantiemen aus dem Reproduktionsgeschäft. Schon in den dreißiger Jahren war der sentimentale *Heiratsantrag auf Helgoland* des Düsseldorfer Malers Rudolf Jordan massenweise reproduziert worden, nicht nur als Radierung, sondern auch auf Schachteln, auf Geschirr und auf anderen Objekten.[37] Dasselbe läßt sich von F. A. Kaulbachs ungemein populärer *Schützenliesl* von 1881 sagen.[38] Reproduktionen, einschließlich derer, die in Zeitschriften wie der *Gartenlaube* erschienen, brachten Künstlern internationalen Ruhm und beträchtliche Geldsummen ein; z. B. Lenbachs *Gründerzeit*-Helden, Defreggers Tiroler Bauern, aber auch die Arbeiten von Künstlern, die heute völlig vergessen sind. Der technische Fortschritt machte Urheberrechtsfragen zu einem immer komplizierteren Terrain; die Gesetzgebung hinkte hinter der kommerziellen Realität her, und Künstlerorganisationen konnten die schwache Position ihrer Mitglieder nur teilweise wettmachen.[39] Dennoch spielten Tantiemen für viele Künstler »eine große, eine ausschlaggebende Rolle in der Jahresbilanz«, wie ein gut informier-

---

36 *Zs. f. bildende Kunst,* N. F. III (1891/2), S. 304.

37 U. Ricke-Immel, »Die Düsseldorfer Genremalerei«, in *Die Düsseldorfer Malerschule,* S. 155.

38 K. Zimmermanns, *Friedrich August von Kaulbach 1850-1920. Monographie und Werkverzeichnis. Materialien zur Kunst des 19. Jahrhunderts,* XXVI, München 1980, 279 (Nr. 745).

39 Stadtarchiv, München, Kulturamt 149: Wirtschaftlicher Verband bildender Künstler, *Jahresbericht,* 1913.

ter Kommentator 1910 sagte; doch für die große Mehrheit war ihr Wert immer noch »gering oder ganz illusorisch«.[40]

Auf dem Feld der Buch- und Zeitschriftenillustration, wo manche Karriere begonnen und fortgesetzt werden konnte, scheinen die Bedingungen besser gewesen zu sein. Manchmal folgte der Erfolg in der Illustration dem Erfolg in der Malerei, manchmal ging er ihm voraus. Wilhelm von Kaulbach, Schöpfer großer historischer Allegorien und von 1849 bis zu seinem Tod im Jahr 1874 Akademiedirektor in München, erwarb sich als Illustrator von Goethes *Reineke Fuchs* dauerhaften Ruhm; in den späten fünfziger und sechziger Jahren verdiente er sehr gut mit Alben, die vom Münchner Verleger Bruckmann in Auftrag gegeben wurden.[41] Nach einer unbefriedigenden Zeit an der Münchner Akademie begann der junge Wilhelm Diez, Bücher für die Firma Velhagen & Klasing zu illustrieren, über das militärische und seemännische Leben, über Bismarck und andere marktgängige Themen der sechziger Jahre, bis er dann ein führender Maler der Münchner Schule und Akademielehrer wurde.[42] Schon als Student stieß er zur Gruppe der herausragenden Künstler, die regelmäßig für die Münchner *Fliegenden Blätter* arbeiteten – zu ihr gehörten Adolf Oberländer und Wilhelm Busch, später Hermann Schlittgen und Adolf Hengeler. Sie alle waren fähige Maler, doch verdankten sie sehr viel von ihrem Ruhm und ihrem Reichtum der Arbeit für diese Zeitschrift.[43] *Jugend* und *Simplicissimus* zahlten, als sie einmal etabliert waren, ebenfalls gute Preise (erstere zahlte zum Beispiel zwei- bis dreihundert Mark für eine Titelseite),[44] und eine Veröffentlichung in diesen beiden Zeitschriften war ein wichtiger Meilenstein in der Karriere eines Künstlers. Die *Jugend*, die auch viele farbige Reproduktionen brachte, verfolgte eher eine großzü-

40 Drey, »Der Kunstmarkt«, S. 83.

41 Siehe z. B. Th. Goebel, »Die großen deutschen Verlagsanstalten. Die Verlagsanstalt F. Bruckmann A. G. in München«, *Zs. f. Bücherfreunde*, IV (1900), S. 78-92.

42 E. v. Berlepsch, »Wilhelm Diez«, *Zs. f. bildende Kunst*, XXII (1887), S. 293-303.

43 Siehe H. Dangl, *Die Münchener Fliegenden Blätter als Spiegel ihrer Zeit. Zeitung und Leben*, XLIX, Würzburg 1938.

44 S. Ishikawa-Franke, *Albert Weisgerber. Leben und Werk*, Saarbrücken 1978, S. 35.

gige Herausgeberpolitik, obwohl sie besonders mit Malern der *Scholle* zusammenarbeitete (Leo Putz, Fritz Erler, Max Feldbauer, Walther Georgi und anderen),[45] deren farbintensive, plakatartige Arbeiten sich gut für die Farbdruck-Technik eigneten, ja wahrscheinlich sogar von ihr beeinflußt waren. Der *Simplicissimus* verließ sich eher auf einen Kern von regelmäßigen Mitarbeitern, die 1906 zu Geschäftspartnern wurden. Die meisten unter ihnen waren auch als Buchillustratoren tätig. Zu erwähnen ist Thomas Theodor Heine, der sich vom expandierenden Feld der kommerziellen Graphik angezogen fühlte; er gestaltete Werbeanzeigen für die Zeitschrift und für andere Unternehmungen Albert Langens.[46]

Schließlich gab es auch noch den Unterricht. Am prestigeträchtigsten war ein Lehrstuhl an der Akademie, der ein wachsendes Gehalt, Anrecht auf ein Atelier und eine Altersversorgung garantierte. Der populäre Genremaler Karl Raupp beispielsweise, der viele Jahre lang die Anfängerklasse unterrichtete, wurde im Juni 1892 Professor (nach zehn Jahren Assistenz) mit einem Grundgehalt von 4 560 M. Im Januar 1908 war dieses auf 6 450 M gestiegen, und im April 1914 wurde Raupp mit einer Pension in Höhe von 6 300 M jährlich emeritiert.[47] Der enorme Stellenwert, den die Akademie für Münchens künstlerischen Ruf hatte, bedeutete auch, daß den Stars, um sie in München zu halten, Extravergütungen zugute kamen: so im Fall Pilotys, wie wir bereits gesehen haben; doch auch im Fall Ludwig von Löfftz', der 1887 eine Sondererhöhung von 1 000 M erhielt, nachdem er einen Ruf aus Berlin abgelehnt hatte,[48] und der im Lauf der Jahre durch staatliche Ankäufe und Auftragsarbeiten beträchtliche Summen verdiente. Trotz der Lehrverpflichtungen, die verglichen mit anderen Orten beträchtlich waren, wurde eine Stelle an der Münchner Akademie als sehr erstrebenswert angesehen. Nach dem Tod Professor Johann Herterichs im

45 Siehe *Leo Putz 1869-1940*, Bozen 1980.

46 Siehe *Simplicissimus, eine satirische Zeitschrift. München 1896-1944*, München 1977.

47 BHSA, München, MK 18 150: Personalakte Raupp; MK 14 134: Akademie-Gehaltslisten.

48 BHSA, München, MK 18 144: Kultusminister Lutz an P.R. Luitpold, Antrag vom 5. März 1887.

November 1905 beeilte sich Sezessionspräsident Habermann in ganz unaristokratischer Weise, seine Dienste anzubieten und lehnte ein bei weitem lukrativeres Angebot aus Stuttgart ab – »Pensions- und Urlaubsbedingungen sind in unglaublich weitherziger Weise berechnet (mein Vorgänger war nur *3 Monate* im Jahr in Stuttgart)« – um die Stelle anzunehmen.[49] Wie so viele seiner Kollegen, einschließlich der Akademieprofessoren, hatte Habermann zahlreiche Privatschüler, von denen viele weiblichen Geschlechts waren. Der Ausschluß von Frauen aus der Akademie sorgte dafür, daß ihr Unterricht zu einem blühenden Geschäftszweig wurde; die private, doch staatlich unterstützte *Damen-Akademie*, die 1884 gegründet worden war, bot etablierten männlichen Malern Gehälter an, die willkommen waren; im Sommer waren populäre Orte wie das Dachauer Moos gesprenkelt von den weißen Kleidern der Frauen, die *sur le motif* arbeiteten *(Abb. 10)*. Obwohl die Qualität des Privatunterrichts wahrscheinlich sehr unterschiedlich war (1914 gab es fast sechzig Kunstschulen in der Stadt),[50] wobei nur wenige Einrichtungen an die bekannten von Knirr und Azbé heranreichten, garantierte er einen beträchtlichen Fluß von Revenuen an einzelne Künstler und an die ganze Gemeinschaft.

Ein dreibändiges Album, das vom Photographen Karl Teufel 1889 veröffentlicht wurde, zeigte 101 Münchner Maler, 97 Männer und 4 Frauen, wie sie in ihren Ateliers posierten; abgesehen von einer Handvoll eminenter Bildhauer war dies wahrscheinlich das gesamte Kunstestablishment jener Zeit, was wiederum ca. 10% der gesamten Künstlergemeinde ausmachte.[51] Um Mitglied in dieser Gruppe zu werden, mußte man handfeste Erfolge auf dem Markt erzielt haben, obwohl es innerhalb der Gruppe natürlich erhebliche Einkommensunterschiede gab. An der Spitze standen die Porträtmaler Lenbach, Stuck und F. A. Kaulbach (ein Neffe Wilhelms); auch die Genre-Spezialisten Defregger und

49 BHSA, München, MK 18 133: Habermann an Kultusministerium, (Nov.) 1905; s. auch Stadtgal., Würzburg, Nachl. Habermann: Akad.-Direktor F. v. Miller an Habermann, 5. & 6. Nov. 1905.

50 *Adressbuch für München und Umgebung,* 1914, Teil 4, S. 116f., S. 121f.

51 *Ateliers Münchener Künstler,* München 1889.

Grützner erwarben ein spektakuläres Vermögen, und die Witwen Stucks, Kaulbachs und Lenbachs wurden zusammen mit den königlichen Fürsten und den großen Münchner Bierbrauern in einer 1914 veröffentlichten Liste bayerischer Millionäre aufgeführt.[52] Die beiden schwäbischen Tiermaler Anton Braith und Christian Mali, die beide aus einfachen, ländlichen Verhältnissen stammten, hatten zum Zeitpunkt ihres Todes 1905 bzw. 1906 zusammen mehr als 750 000 Mark sowie ein Haus im Wert von 150 000 verdient.[53] Doch das schlagendste Beispiel war vermutlich die Münchner Arzttochter Albertina (Tini) Rupprecht, nicht nur, weil sie als Frau wenig an formaler Ausbildung genossen hatte, sondern auch, weil ihre Porträts von europäischen Aristokraten und Mitgliedern der königlichen Häuser ausschließlich in der »minderen« Pastelltechnik ausgeführt waren. Sie verdiente zwischen 1889 und 1914 über eine Million Mark und lehnte in den zwölf Jahren vor dem Krieg fünfmal mehr Aufträge ab, als sie ausführen konnte.[54]

Tini Rupprecht war auch deshalb ungewöhnlich, weil sie keine der Auszeichnungen erhielt, durch die normalerweise die Stufen einer Karriere bezeichnet werden. Wie in anderen Monarchien brachte auch in Bayern der anhaltende berufliche Erfolg eine Reihe von Auszeichnungen mit sich, die von den verschiedenen Klassen des St. Michaelsordens und des Verdienstordens der bayerischen Krone (der ähnlich dem Ritterkreuz des St. Michaelsordens Erhebung in den Adelsstand und Hoffähigkeit bedeutete) bis zur Mitgliedschaft im exklusiven Maximiliansorden für Wissenschaft und Kunst reichten.[55] 1902 erhielt der Bildhauer und Akademiedirektor (von 1900 bis 1918) Ferdinand Miller jun. (Sohn des berühmten Eisen-Gießers und Schöpfers der *Bavaria*) die noch seltenere Auszeichnung der lebenslänglichen Mitgliedschaft in der

52 R. Martin, *Jahrbuch des Vermögens und Einkommens der Millionäre in Bayern*, Berlin 1914, S. 36, 47, 50.

53 BHSA, München, MK 14 229: Bay. Kultusministerium an Außenministerium (Entw.), 29. Dez., 1910; u. s. auch H.-P. Bühler, *Anton Braith, Christian Mali: Tiermalerei der Münchener Schule*, Mainz 1981.

54 R. Taylor, *Tini Rupprecht: Eine Zeit steht Modell*, München 1968, S. 21, 68.

55 K. Möckl, »Hof und Hofgesellschaft in Bayern in der Prinzregentenzeit«, in Wagner, *Hof, Kultur und Politik im 19. Jahrhundert*, S. 195ff., S. 219f.

bayerischen Kammer der Reichsräte, nicht nur ein Zeichen der professionellen Position des »klugen Ferdinands« und seiner Freundschaft mit dem Regenten, sondern auch seiner politischen Fähigkeiten. Bedeutend – wenn auch auf sehr viel geringerem Niveau – war die Einrichtung einer Honorarprofessur. Obwohl nicht entlohnt, und in keiner Weise dem Status der Professur an der Akademie vergleichbar, war sie bei Künstlern sehr begehrt, denn sie steigerte Marktwert und Status der Auserwählten. Der Maler Hans von Hayek schrieb dem Sezessionspräsidenten Habermann – einer der »Weisen«, die in Sachen Auszeichnungen als Ratgeber fungierten – dafür dankend, daß er den Titel bekommen hatte: »Es ist dies doch ein nicht zu unterschätzender Vorteil für Jemanden, der unter obwaltenden schwierigen Lebensverhältnissen sein tägliches Brot verdienen muß«.[56] Vorbedingung für all diese Auszeichnungen waren nicht nur professionelle Verdienste, sondern auch Ehrbarkeit; schon eine Scheidung konnte – ausgenommen bei Stars wie Lenbach – die Aussichten vermindern.

Ein anderer Faktor bei der Status-Festlegung im Establishment war königliche Gunst. F. A. von Kaulbach und Ferdinand von Miller gehörten zusammen mit anderen Mitgliedern der politischen und sozialen Elite zum kleinen Zirkel der Jagdgesellschaft des Prinzregenten. Der Bildhauer Adolf von Hildebrand war sowohl befreundet mit Luitpold (der manchmal für Aktstudien Modell saß; einmal brach mitten in der Sitzung die Decke herab)[57] als auch mit dessen kunstliebendem Enkel Prinz Rupprecht. Doch der Regent stand auch mit vielen anderen Künstlern auf gutem Fuß, die in den Genuß von Gefälligkeiten kamen, welche von billigen Zigarren bis zu höfisch geförderten Stellen reichten: der Genremaler August Holmberg beispielsweise, der auch zahlreiche königliche Auftragsporträts ausführte, wurde 1897 Kustos der Schleißheimer Galerie und beendete seine Karriere als Direktor der Neuen Pinakothek.[58] Auch in anderen Fällen half die königli-

56 Stadtgal., Würzburg, Nachl. Habermann: Hayek an Habermann, 30. Dez. 1911.
57 *Adolf von Hildebrand und seine Welt,* S. 682.
58 BHSA, München, MK 18 284: Personalakte Holmberg.

che Gunst bei Karrieren nach: in den späten achtziger Jahren wurde z. B. der Architekt Friedrich von Thiersch ermutigt, in München zu bleiben, wo er schließlich den großen neuen Justizpalast baute;[59] ein anderes Mitglied der Jagdgesellschaft, Heinrich von Zügel, wurde 1895 von Karlsruhe nach München zurückgeholt, wo er einen Posten an der Akademie bekam.[60] Andererseits gelang es Luitpold nicht immer, die Bedenken gegen Künstler auszuräumen, die von ihren Kollegen und dem Ministerium als mittelmäßig eingestuft wurden und die er unbedingt auszeichnen wollte. 1902 blockierten z. B. Beamte eine Honorarprofessur für einen seiner beliebtesten Porträtmaler, Franz Pernat;[61] und obwohl Max Slevogt, der Sohn eines von Luitpolds früheren Militärkollegen, feierliche Momente des jährlichen Georgiritter-Festes und intime königliche Gesellschaften in Nymphenburg malen durfte, konnte diese Beziehung nicht verhindern, daß seine Honorarprofessur durch ministerielle Anordnungen um drei Jahre verzögert wurde; sie konnte ihm auch keine bevorzugte Behandlung durch die staatliche Ankauf-Kommission einbringen und ihn später nicht davon abhalten, München zu verlassen.[62]

Ein besonderer Fall war Franz von Lenbach, der, obgleich kein Vertrauter Luitpolds, zweifellos Münchens erster Künstler war; er folgte darin in den späten siebziger Jahren dem immer kränkeren und streitsüchtigeren Piloty und hielt die Position bis zu seinem Tod im Jahr 1904 inne.[63] Seine Vorrangstellung verdankte er vielen Qualitäten, vor allem seiner künstlerischen Virtuosität, seinem Fleiß und seinem Scharfsinn, einen Porträtstil zu finden, der an die Wünsche der Gründerzeitelite bestens angepaßt war. Auch

59 H. Thiersch, *Friedrich von Thiersch der Architekt, 1852-1921. Ein Lebensbild,* München 1925, S. 114ff.

60 E. Diem, *Heinrich von Zügel. Leben, Schaffen, Werk,* Recklinghausen 1978, S. 25.

61 BHSA, München, MK 14 225: Kultusmin. v. Wehner an Kab.-Chef v. Wiedenmann, 3. Feb. 1902 (Entw.).

62 Möckl, »Hof und Hofgesellschaft in Bayern in der Prinzregentzeit«, S. 209; BHSA, München, MK 14 225: Kultusmin. v. Landmann an Gen. Adjutant v. Lerchenfeld-Trennberg, 20. Okt. 1898 (Entw.); u. wie oben, Anm. 28.

63 Siehe *Franz von Lenbach 1836-1904;* W. Ranke, *Franz von Lenbach, der Münchner Malerfürst,* Köln 1986.

besaß er eine ungeheure Gabe, Beziehungen zu höheren Kreisen zu pflegen, und er stellte eine unvergleichliche Relation zu den Helden der Reichsgründung her: zu Moltke beispielsweise, in dessen Familie er 1887 einheiratete; vor allem aber zu Bismarck, der Lenbach nach 1890 zweifelsohne als seinen Hauptbildner und wichtigen Bestandteil seiner Propaganda ansah. Die charismatische Persönlichkeit dieses Malers, seine Energie und seine Ausstrahlung stachen auch in seinen Rollen als Organisator mehrerer wichtiger Ausstellungen und Künstlerfeste hervor, sowie als *spiritus rector* – zusammen mit seinen Freunden Gabriel Seidl und Anton Seitz – im Klub der etablierten Künstler, der *Allotria*; und schließlich als Präsident der Künstlergenossenschaft.

Lenbachs Erfolg, Einfluß und Selbstbewußtsein wurden durch seine Umgebung und seinen Lebensstil in extravaganter Weise symbolisiert. Das Phänomen des *Malerfürsten* gegen Ende des 19. Jahrhunderts war nichts speziell Bayerisches: Makart in Wien, Leighton in London und die Gebrüder Achenbach in Düsseldorf zeigten alle ihren Reichtum in ähnlich großspuriger Weise. Doch in München war es besonders auffällig, teilweise wegen der im Vergleich zu Industriellen und Kaufleuten hohen Konzentration von erfolgreichen Künstlern, teilweise – zumindest bis zur Jahrhundertwende – wegen der allgemeinen Bescheidenheit der lokalen Lebensgewohnheiten. Dazu kam, daß die Dynastie gegen Ende von Ludwigs II. Regentschaft beinahe unsichtbar wurde, was es den Künstlern möglich machte, einen Teil des Glanzes zu absorbieren, der normalerweise dem Hof gebührte. Jedenfalls entsprach Lenbachs Herrenhaus genau gegenüber den Propyläen vollständig seinem Bild und seinen Bedürfnissen: In Stil und teurer Ausstattung mit Gobelins, Möbeln und Kunstwerken war es an der Renaissance orientiert; doch besaß es auch elektrisches Licht und eine gut ausgestattete Dunkelkammer, die für die Produktivität des Künstlers unerläßlich war. Vergleichsweise imposant waren die Stadthäuser von Kaulbach und Defregger in der Kaulbachstraße (benannt nach Fritz Augusts Onkel), der Böcklinesk-klassische Palast in der Äußeren Prinzregentenstraße, von Stuck entworfen, sowie die Villa Hildebrand in der Maria-Theresia-Straße, vielleicht die eleganteste von Münchens Künstlerresidenzen. Zu diesen Herrenhäusern kamen livrierte Diener, Automobile, Landhäuser – das Lenbachsche am Starnberger See, das Defreggersche in Bozen – und fürstliche Unterhaltungen *(Abb. 11)*. Defreggers Familienchronik vermeldet kunstvolle Kostümbälle (einschließlich einem *chez* Lenbach im Februar 1889, »Sehr pompös, zwischen 2-300 Personen«) und Abendessen mit verschwenderischen Menus, bei denen die Creme von Bayerns politischer und sozialer Elite zugegen war.[64] Stuck malte das üppige Bankett, das aus Anlaß seines 50. Geburtstags am 13. Februar 1913 in seinem Atelier veranstaltet wurde, bei dem der hohe, von Kerzen beleuchtete Raum wie eine riesige unterirdische Kaverne glitzerte *(Abb. 12)*.[65] Solcher Glanz zwang die Künstler natürlich in die Tretmühle der erzwungenen Wiederholung und des Selbstplagiats – Lenbachs zahlreiche *Bismarcks*, Defreggers Tirolerköpfe, Stucks Satyrn, heidnische Verführerinnen und Porträts reicher Amerikaner –, hielt vom Experimentieren ab und schuf ernsthafte Probleme im Fall von Krankheit oder wechselnden Moden. (Echter Adel hatte seine Vorzüge: Baron Hugo von Habermann vermochte ohne Gesichtsverlust in einem bescheidenen Apartment zu wohnen, in einem gemieteten Atelier zu arbeiten und den Sommer auf dem fränkischen Schloß des Bruders zu verbringen.)

Doch die Malerfürsten Münchens waren eine kleine Minderheit in der Künstlergemeinde. Sehr viel zahlreicher und repräsentativer waren die mittleren Schichten; zu ihnen gehörte jeder mit etablierter Reputation, der wohlhabend genug war, sich einen bürgerlichen Lebensstandard zu leisten. Dazu gehörten mindestens ein Diener, eine angemessene Unterkunft und das kulturelle Leben eines Bildungsbürgers. Am oberen Ende dieser Gruppe standen Akademielehrer wie Raupp oder Gabriel von Hackl; Männer mit niedrigen Auszeichnungen und Honorarprofessoren; Amtsträger in (künstlerischen) Berufs- und karitativen Organisationen sowie Mitglieder einer Reihe von Juries und Komitees. Einige gehörten der *Allotria*

64 F. v. Defregger, »Familienchronik« III, Familienbesitz, München.
65 *Die Münchener Schule, 1850-1914*, 403, Nr. 326.

an, verbreiteter war jedoch die Mitgliedschaft in eher mittelmäßigen Gruppen wie dem Künstler-Sängerverein, dem Cococelloclub oder in verschiedenen Stammtischrunden. Ein gewisser Bekanntheitsgrad war nicht ausgeschlossen: wenn keine Monographie bei Velhagen und Klasing erschienen war, so doch ein oder zwei Artikel in der *Kunstchronik* oder *Die Kunst für Alle* und Besprechungsnotizen von Friedrich Pecht oder Fritz von Ostini. Das Minimalkriterium der Anerkennung war ein Nachruf im Jahresbericht des Kunstvereins, der über Jahrzehnte hinweg von Hunderten mehr oder weniger erfolgreichen und soliden Karrieren berichtete. In den sechziger und siebziger Jahren befand sich das geographische Zentrum der Künstlergemeinde im Schwanthalerviertel, in der Nähe des Bahnhofs und bei der Theresienwiese (wie sich Schlittgen später erinnerte, war die Gegend noch in den siebziger Jahren von alten »historischen Idealisten« der Ära Cornelius und Wilhelm von Kaulbach bewohnt, »die auch äußerlich den künstlerischen Stil dieser vergangenen Epoche ausdrückten: sie trugen langes Haar, große Künstlerhüte und eigentümlich geformte große italienische Mäntel«);[66] später, nach Fertigstellung von Neureuthers neuem Akademiegebäude in der Nähe des Siegestors im Jahr 1884, wanderte der Mittelpunkt des künstlerischen Lebens in die nördlichen Vorstädte. Es gab auch eine zunehmende Tendenz erfolgreicher Künstler, die Stadt zu verlassen, und seit den frühen neunziger Jahren siedelte sich eine umfangreiche Kolonie von Malern in der Marktstadt Dachau an, deren bequemer Lebensstil, verstärkt durch atmosphärische Moorlandschaften und regelmäßigen Zustrom von Sommerschülern, festgehalten ist auf alten Photographien und auf gemalten Familienszenen wie Corinths *Am Frühstückstisch*.[67]

Wieviel Geld war nötig, um diesen mittelständischen Lebensstandard aufrechtzuerhalten, den die meisten Maler und zweifellos deren Familien ansteuerten? Eine genaue Antwort wird durch wechselnde persönliche Umstände und durch Veränderungen der

66 H. Schlittgen, *Erinnerungen*, München 1926, S. 80.

67 *Die Münchener Schule, 1850-1914*, 162, 166, Nr. 38; u. s. auch O. Thiemann-Stoedtner, *Dachaus Maler. Der Künstlerort Dachau 1801-1946*, Dachau 1981.

allgemeinen ökonomischen Lage erschwert. Insbesondere muß man die beträchtliche, wenn auch ungleichmäßige Preisinflation zwischen 1870 und 1914 in Betracht ziehen. Im München der Gründerzeit, als häusliche Standards noch einfach waren (Nicht-Münchner bezeichneten sie als primitiv) und soziale Gewohnheiten bescheiden, lagen die Lebenshaltungskosten unter denen anderer deutscher Städte. Doch 1888 erhielt der ansässige britische Minister eine Gehaltserhöhung (die bayerischen Dienstgehälter wurden vier Jahre später erhöht), mit der Begründung, »München ... [ist] jetzt so teuer ... wie jede andere Stadt; die Lebenshaltungskosten sind in den letzten zwölf Jahren um 70 Prozent gestiegen, die Mieten noch stärker.«[68] Eine zweite Preissteigerungswelle kam 1907/1908, so daß ein anderer britischer Bericht schrieb, daß »München, einst eine Stadt in Deutschland, in der das Leben billiger als anderswo war, ... mittlerweile den wenig beneidenswerten Ruf [hat], eines der teuersten Zentren des deutschen Reichs zu sein.«[69] (Dieser und andere Kommentatoren neigten dazu, dem Tourismus die Schuld zu geben.) Es ist zwar schwierig, Informationen über das Einkommen anderer »freier« Berufsgruppen wie Ärzte oder Rechtsanwälte zu erhalten, doch sind andere Einkommensdaten vorhanden. Eine Studie über 22 Münchner Facharbeiterhaushalte von 1908 zeigt, daß der Jahresverdienst zwischen 1 200 und 2 200 Mark lag, wobei die Lebensbedingungen sehr bescheiden bis elend waren.[70] (Das Anfangsgehalt eines Lokführers der bayerischen Staatsbahnen betrug vor dem Krieg 1700 M und erhöhte sich nach 19 Dienstjahren auf 2 300 M; wohlhabende Schriftsteller wie Max Halbe oder Thomas Mann zahlten allein 1 800-2 400 M an Miete).[71] Dieser Betrag lag natürlich weit unter

---

68 Public Record Office, London, F.O. 9/260: Drummond to Foreign Office, 6. Aug. 1888.

69 House of Commons, Accounts and Papers, 1911, XCIII, Commercial Reports Nr. 4798: Bavaria 1910/11, 17.

70 E. Conrad, *Lebensführung von 22 Arbeiterfamilien Münchens. Schriften des Statistischen Amtes der Stadt München,* VIII, München 1909.

71 *Münchener Jahrbuch. Kalender für Bureau, Comptoir und Haus,* XXVI (1913), S. 412ff.; M. Krauß, »Schwabingmythos und Bohemealltag. Eine Skizze«, in Prinz & Krauß, *München – Musenstadt mit Hinterhöfen,* S. 293.

dem Minimum, das nötig war, um eine bürgerliche Familie zu ernähren. 1905 erhielt ein Regierungsrat nach zehn Dienstjahren ein Grundgehalt von 5 280 M; 1913 ein Beamter von gleichem Rang 7 500 M.[72] Andere vergleichbare Beispiele von Staatsbeschäftigten in diesen beiden Jahren sind Gymnasiallehrer, die 3 000 (4 500) M erhielten; der Rektor eines humanistischen Gymnasiums 5 280 (8 700) M; und ein Staatsminister 12 000 (24 000) M. Am 1. Juli 1909 wurde Hugo Tschudi zum Direktor der bayerischen Staatsgalerien berufen bei einem Anfangsgehalt von 10 800 M.[73] Viele mittelmäßige Künstler lebten gegen Ende der Regentschaftszeit von 6-7 000 M im Jahr, was grob gerechnet dem Preis von zwei guten Genre- oder Landschaftsbildern entsprach; doch einige nahmen sehr viel mehr ein: Albert Weisberger, der Gründungsvorsitzende der Neuen Sezession, teilte 1915 seinem Regimentskommandeur mit, sein jährliches Einkommen habe etwa 25 000 M betragen.[74] Doch am anderen Ende der Skala kämpften wahrscheinlich viele Maler darum, wenigstens ein bescheidenes Angestelltengehalt zu verdienen. Es scheint besonders bezeichnend, daß der Umsatz der Jahresausstellungen der Künstlergenossenschaft zwischen 1893 und 1908 mehr oder weniger unverändert blieb, trotz Inflation und fast 60%igem Wachstum der Künstlergemeinde in etwa derselben Periode.[75] Auch wenn man annimmt, daß Verkäufe über andere Gesellschaften und Händler abgewickelt wurden und Einkommen durch oben genannte Quellen flossen, so deuten diese Zahlen doch auf Krisenzeiten für viele Künstler. Diejenigen, die untergingen, sanken in eine Unterwelt, die sich vom volkstümlichen Bild der sorglosen Boheme sehr unterschied. (Echte Bohemiens, struppige Gegenkulturtypen wie Karl Wilhelm Diefenbach, der im Wald von Höllriegelskreuth sein Wesen trieb,[76] waren in Wirk-

72 *Münchener Jahrbuch,* XVIII (1905), S. 414ff.; XXVI (1913), S. 412ff.

73 BHSA, München, MK 18 295: Personalakte Tschudi.

74 Bay. Kriegsarchiv, München, OP 69691: Reserve-Jäger-Regt. 16 an 12. Bay. Reserve-Infanterie Brigade, 18. März 1915.

75 Drey, *Die wirtschaftlichen Grundlagen der Malkunst,* S. 71ff.; »Der Kunstmarkt«, S. 170f.

76 J. Frecot et al., *Fidus, 1868-1948. Zur ästhetischen Praxis bürgerlicher Fluchtbewegungen,* München 1972, S. 67-84.

lichkeit selten; und der Begriff, der einen asozialen Lebensstil und Ablehnung des Markts beinhaltete, war nicht gleichbedeutend mit »Avantgarde«: Kandinsky, Marc und deren Freunde, die um 1914 in angenehmen Verhältnissen lebten, waren der Verkauf und die Höhe der Preise genauso wichtig wie ihren konservativen Kollegen.) Doch Bohemiens ähnlich, scheinen die Angehörigen des »künstlerischen Proletariats« dasselbe soziale Niemandsland bevölkert zu haben wie die Modelle, Prostituierten, Empfänger von staatlichen oder privaten Unterstützungszahlungen und andere Marginalisierte. Es gab sehr viel Elend und Enttäuschung: »Wenige Leute machen sich ein Bild davon, wie arm ich bin«, vertraute der amerikanische Kupferstecher Sion Longley Wenban 1889 seinem Tagebuch an; und einige Monate später teilte er seinem Bruder mit, »wie meine jugendlichen Träume vom Künstler und vom künstlerischen Leben sich immer mehr verflüchtigen.«[77] Wenban starb verarmt im Alter von 49 Jahren; andere, die nicht verhungerten, emigrierten oder ihren Beruf wechselten, wurden zu geistloser und erbärmlich bezahlter Randbeschäftigung gezwungen: zur Kitschproduktion für Touristen; zur Retusche von Photographien; zur Reinigung, Restauration oder Fälschung anderer Arbeiten.

Dieses Problem hatte viele Ursachen, sowohl individuelle als auch strukturelle. Als freiberuflicher Produzent, außerhalb des allmählich in Deutschland sich entwickelnden Sozialversicherungssystems, war der Künstler ständig von Armut bedroht. Für den Anfänger war dies fast unausweichlich; wenige konnten dem Beispiel Paul Klees folgen, der nach dem Ende seiner Ausbildung für einige Jahre zu den Eltern zurückkehrte und dann ein Mädchen heiratete, das den Haushalt tragen konnte.[78] Diejenigen, denen der Übergang von Stipendien und elterlicher Unterstützung zum Überleben auf dem Markt nicht gelang, mußten aufgeben: »Schrecklich war es oft«, schrieb Schlittgen, »wenn einer es fühlte: es geht nicht mehr. Da wurden bittere Tränen vergossen, denn der

---

77 Weigmann, *Sion Longley Wenban,* S. 12f.
78 Siehe Klee, *Briefe.*

Abschied von der geliebten Kunst war schwer.«[79] Doch selbst Anerkennung brachte nicht unbedingt Sicherheit. Der Karlsruher Professor und frühere Sezessionspräsident Dill gestand beispielsweise im Januar 1902, daß er im letzten Jahr nichts verkauft hatte.[80] Es gab ein gewisses Solidaritätsgefühl unter jungen Künstlern, und Klee fühlte sich von ihnen eher akzeptiert, als er gezwungen war, Geld von seinem Lehrer Knirr zu leihen und sogar in Kneipen auf Pump ging.[81] Für ältere Männer waren solche Einnahmen unmöglich: erbarmungswürdige Kleinanzeigen von Honorarprofessoren, die anboten, Porträts für 100 M zu malen, waren nicht ungewöhnlich; der Nachlaß des hilfreichen und mitfühlenden Habermann enthält viele Hinweise auf die Not reifer Künstler. Änderungen der künstlerischen Orientierung waren riskant. Johann Sperl z. B., dem es vorher mit fröhlichen ländlichen Genrebildern gut ging, wurde Anfang der achtziger Jahre in entsetzliche Armut geworfen, nachdem er den kompromißlosen Realismus seines Freunds Leibl angenommen hatte.[82] Später geriet der erfolgreiche Tiermaler Zügel in Schwerigkeiten, als er zu einem freieren, eher plein-airistischen Stil wechselte.[83] Wenban bezahlte teuer dafür, die »falsche« Spezialisierung gewählt zu haben und starb genau in dem Moment, als Pastelle und Radierungen sich auszuzahlen begannen. Schließlich gab es die Probleme schlechter Gesundheit, Blindheit und Alter, auf die zeitgenössische Wohlfahrtseinrichtungen nicht vorbereitet waren. Obgleich der Staat bestimmten Künstlern, die älter als 50 waren, bescheidenene Pensionen zahlte, gab es 1896 nur 36 Empfänger (darunter Franz Marcs chronisch kranker Vater Wilhelm) und 49 im Jahr 1908; und die Anträge wurden immer strenger geprüft.[84] Der Künstlerunterstützungsverein, 1844 gegründet und im Jahr 1914 gut ausgestattet, spielte eine sehr viel größere Rolle. Doch selbst dessen jährliche

79 *Erinnerungen,* S. 83.
80 Stadtgal. Würzburg, Nachl. Habermann: Dill an Habermann, 2. Jan. 1902.
81 Klee, *Briefe,* S. 26f.
82 E. Diem, *Johann Sperl: Ein Meister aus dem Leiblkreis,* München 1955, S. 26.
83 Diem, *Heinrich von Zügel,* S. 25.
84 Siehe BHSA, München, MK 14 134 & 14 266.

Zahlungen von 80-90 000 M konnten kaum genügen, und die Mitgliedschaft von nur 525 im Jahr 1912 – bei einer Gesamtzahl der Künstlergemeinde von 1 700 Mitgliedern – legt ein großes Manko an Unterstützungszahlungen nahe.[85]

Dahinter stand natürlich das Problem der langfristigen Übersättigung und Überproduktion. (Dazu kam der technische Wandel: die Photographie in den vierziger und fünfziger Jahren und die reprographische Revolution in den sechziger und siebziger Jahren dezimierten zusehends die einstmals florierenden Gruppen von Porträtmalern, Miniaturmalern und Graveuren.) Dies war schon in den vierziger Jahren in München offenkundig, als der junge Gottfried Keller erfolglos versuchte, sich als Künstler zu etablieren,[86] und es wurde später chronisch, obwohl die Zahlen schwankten und immer schwer zu schätzen waren. 1903 befand das Kultusministerium, daß trotz des Überhangs in künstlerischen und musischen Berufen kein Grund zur Beunruhigung bestünde.[87] Andere Kommentatoren äußerten sich sehr viel düsterer und behaupteten, daß die offizielle Statistik die Zahl der in der Stadt ums Überleben kämpfenden Künstler bei weitem unterschätze.[88]

In einer Zeit schnellen wirtschaftlichen Wandels, die Materialismus und soziale Probleme mit sich brachte, besaß das Leben als Künstler große Anziehungskraft. »Daß ich [die Welt] als Künstler durchwandern durfte«, schrieb der achtzigjährige Hans Thoma 1919, »erfüllt mich mit Dankbarkeit – denn wir Künstler haben vielleicht doch den größten Anteil am Dasein«.[89] Der großzügige Lebensstil erfolgreicher Künstler und der solide Wohlstand vieler kleiner in den sechziger, siebziger und frühen achtziger Jahre erklären auch den Zustrom neuer Mitglieder zur Profession gegen Ende des Jahrhunderts, in München und anderswo; zwischen

85 *Münch. Künstlerunterstützungsverein: Bericht und Mitgliederverzeichnis für 1912.*

86 Zweite, »Aspekte der Münchner Landschaftsmalerei«, S. 34ff.

87 BHSA, München, MK 14 163: Kultusministerium an Außenministerium, 3. Dez. 1903.

88 Siehe A. Brougier, *Gedanken über die fernere Entwicklung Münchens als Kunst- und Industriestadt,* München 1905; P. Kutter, *Das materielle Elend der jungen Münchener Maler,* München 1911.

89 *Lovis Corinth – Eine Dokumentation,* S. 255.

1875 und 1885 verfünffachte sich die Studentenzahl der Berliner Akademie beinahe.[90] Wie nicht anders zu erwarten, hatten viele der jungen Hoffnungsvollen nur mittelmäßiges Talent und scheiterten später auf einem Markt mit immer schärferer Konkurrenz. (Nachdem der junge Karl Heigel, später ein anerkannter Historiker, Moritz von Schwind zwei kleine Landschaftsbilder gezeigt hatte, bekam er einige Pinsel als Geschenk und den Kommentar »daß du dir selber einen kaufst, ist's nicht wert«, was ihn die Gelehrtenlaufbahn einschlagen ließ;[91] andere hatten nicht soviel Glück oder waren nicht so vernünftig). In der Tat waren die ökonomischen Realitäten bitter. Zwischen 1890 und 1894 und zwischen 1900 und 1908 blieben im Durchschnitt 84% der im Glaspalast ausgestellten Werke unverkauft – und dies waren schon sehr viele weniger, als eingereicht wurden.[92] Von den 77081 Objekten, die der Kunstverein in der Dekade 1898-1908 angenommen hatte, fanden nur 7% Käufer.[93] Man schätzte, daß in einem Jahr ca. 40000 Leinwandbilder in München zum Verkauf angeboten wurden;[94] Bilder, die niemand haben wollte, rollten waggonweise durch die Ausstellungsstätten der Provinz. Jede Anstrengung, die Akademie klein und schwache Studenten fern zu halten, führte nur zur Verbreitung privater Schulen – die schon ein Produkt der Tatsache waren, daß manche Künstler nicht vom Verkauf ihrer Bilder leben konnten. Jedenfalls ließ die Tatsache, daß Maler wie Spitzweg und Menzel beinahe Autodidakten waren, eine formale Ausbildung nicht unbedingt nötig erscheinen. Anders als Ärzte, Rechtsanwälte und andere Gruppen besaßen die Künstler wenige Mittel, um den Zustrom zu ihrer Profession zu beschränken; die Attraktivität Münchens für Ausländer komplizierte das Problem. Nach 1900 wurde die Überproduktion durch

90 *Erlebnisse und Eindrücke,* S. 440f.

91 K. A. v. Müller, *Aus Gärten der Vergangenheit. Erinnerungen 1882-1914,* Stuttgart 1951, S. 435.

92 SB/Mon, München: Künstlergenoßenschaft, *Jahresberichte;* Drey, »Der Kunstmarkt«, S. 123.

93 Drey, »Der Kunstmarkt«, S. 173.

94 Ibid., S. 157; E. A. Franke, Publikum und Malerei in Deutschland vom Biedermeier zum Expressionismus, Diss. Heidelberg 1934, S. 46.

das Aufkommen neuer Ausstellungsgesellschaften, die Schwächung des Jurysystems und die fortgesetzte Politik des leichten Zugangs von Seiten des Kunstvereins weiter stimuliert.

Diese Probleme waren Teil eines sehr viel breiteren kulturellen Phänomens. Zwischen 1860 und 1914 sorgten die steil anwachsenden Einschreibungsziffern in den höheren Bildungsanstalten Deutschlands zu periodischer Panik wegen Überfüllung und Arbeitslosigkeit.[95] In verschiedenen europäischen Ländern verbreitete sich aufgrund des Verlagsbooms zur Jahrhundertmitte ein Literatenproletariat.[96] Musik und Theater wurden von Arbeitskräften überschwemmt: 1891 gab es in Großbritannien fast doppelt so viele Musiker wie Bankangestellte, bei enormen Einkommens- und Statusunterschieden.[97] Das Aufkommen von Händlern, Agenten und neuen, praktisch orientierten Organisationen wie dem *Kartell lyrischer Autoren* und dem *Wirtschaftlichen Verband bildender Künstler*[98] brachte vermutlich eine gewisse Ordnung in das allgemeine Gerangel, konnte allerdings die »Reservearmee« hungernder Musiklehrer, Auftragsschreiber und verzweifelter Künstler nicht abschaffen.

Ein Heilmittel, das oft gegen die künstlerische Überproduktion vorgeschlagen wurde, war Diversifizierung, besonders in Richtung auf Illustrationen, auf andere graphische Branchen und auf angewandte Kunst. Schon 1845, zu einer Zeit tiefer ökonomischer Krise in ganz Europa, hatte der preußische Schriftsteller Franz Kugler die Maler dazu ermahnt, ihre Talente in die Anstrengung zu setzen, »den Dingen, die unser alltägliches Leben umgeben, denjenigen Adel der Form [zu geben], der unsern Sinn und unser Gefühl unbewußt, aber auch ununterbrochen in einer gehobenen

95 K. Jarausch, »The social transformation of the university: the case of Prussia, 1865-1914«, *Journal of Social History,* xii (1978/9), S. 609-36.

96 W. Martens, *Lyrik kommerziell: Das Kartell lyrischer Autoren 1902-1933,* München 1975, Kap. 1-2; C. Charle, »L'expansion et la crise de production littéraire«, *Actes de la recherche en sciences sociales,* IV (1975), S. 44-65.

97 C. Ehrlich, »Economic history and music«, *Proceedings of the Royal Musical Association,* ciii (1976/7), S. 194.

98 W. Martens, *Lyrik kommerziell;* Stadtarchiv, München, Kulturamt 149: Wirtschaftl. Verband bild. Künstler.

Stimmung erhält«.[99] Natürlich wurde München sowohl mit dem Historismus der angewandten Kunst der siebziger Jahre à la »Unserer Väter Werke« (oder leichtsinniger: »Jeder sein eigener Fugger«) gleichgesetzt als auch mit der Bewegung des Jugendstil der neunziger Jahre, als Hermann Obrist, August Endell und andere bahnbrechende moderne Gestalter ihr Debut in der Stadt gaben. Der Boom des Kunstgewerbes bedeutete jedoch keine umittelbare Alternative zum Bildermarkt und sicher keine Universallösung für das Problem des künstlerischen Proletariats, obwohl es das Ansehen Münchens als Produktionsort von Luxusgütern stärkte und als Bestandteil von Bayerns internationalem Image angesehen wurde. Einige Künstler, so Bruno Paul, Richard Riemerschmid und Franz von Stuck (die zu ihrem Vorteil an der Kunstgewerbeschule statt an der Akademie studiert hatten) erwiesen sich als erstaunlich flexibel, doch waren sie Ausnahmeerscheinungen. Wenige der vielen Künstler, die dem Kunstgewerbeverein in der Gründerzeit oder später beitraten, schafften es, ihren Lebensunterhalt zu verdienen,[100] und 1909 befand die Vermittlungsstelle für angewandte Kunst, eine Agentur, die Künstler und Produzenten zusammenbringen sollte, nur wenige dazu befähigt, dreidimensionale Gebrauchsgegenstände zu entwerfen.[101] Man suchte die Unverbrauchtheit und Jugend, und die Zukunft gehörte denen, die – wie Julius Diez (geb. 1870) und Ludwig Hohlwein (geb. 1874) – sich frühzeitig auf dem Gebiet der kommerziellen Kunst und der Gebrauchsgrafik spezialisierten. Im Gegensatz hierzu fanden es reife Künstler, deren Arbeiten nicht mehr gingen, sehr schwer, auf dem Gebiet der Illustrationen Fuß zu fassen. Die Frage der Ausbildung war dabei äußerst wichtig. Die sehr progressive unabhängige Schule, die Hermann Obrist und Wilhelm von Debschitz 1902 gegründet hatten, zog viele Studenten an.[102] Doch

---

99 »Über den Pauperismus, auch den in der Kunst«, in *Kleine Schriften und Studien zur Kunstgeschichte,* III, Stuttgart 1854, S. 556.

100 *125 Jahre Bayerischer Kunstgewerbeverein,* München 1976, S. 41.

101 Stadtarchiv, München, Kulturamt 187: Denkschrift der Münch. Vereinigung für angewandte Kunst über ihre Tätigkeit 1909/10.

102 H. Schmoll gen. Eisenwerth, »Die Münchner Debschitz-Schule«, in H.M. Wingler (Hg.), *Kunstschulreform 1900-1933,* Berlin 1977, S. 68-82.

obwohl solche Einrichtungen öffentliche Gelder erhielten, waren die Reaktionen des Establishments zögerlich. (Bezeichnenderweise wurde dem hervorragenden Bleiglas-Entwerfer Karl de Bouché des öfteren eine Ehrenprofessur verweigert – die den Praktikern der »hohen Kunst« vorbehalten war –, wodurch er bloßer »Kommerzienrat« blieb.[103]) Einfallsreiche Pläne, die von Behrens 1902[104] und von Riemerschmid nach dem Ersten Weltkrieg vorgelegt wurden[105] und eine flexible Kombination von bildender und angewandter Kunst unter einem Dach vorsahen, vermochten die konservativen Maler und Bildhauer, die die Akademie dominierten, nicht zu überzeugen. Es scheint also, daß der Einfluß des Kunstgewerbes auf die Kunstkarrieren unbedeutender war, als manche Optimisten gehofft hatten. Tatsächlich zeigten sich die weitreichendsten Wirkungen erst in den zwanziger Jahren und an anderen Orten, lange nachdem Behrens, Endell, Paul und andere talentierte Künstler München den Rücken gekehrt hatten.

Die Befunde über die Münchner Künstlergemeinde in der Nach-Gründerzeit zwischen Mitte der achtziger Jahre und 1914 sind lückenhaft und schwierig zu deuten, doch kann man eine Reihe von Problemen herauslesen. Der Kunstmarkt expandierte und schien im Vorkriegsjahrzehnt sehr lebhaft zu sein; dies reichte jedoch nicht aus, die gleichzeitige Zunahme der Anzahl der Künstler oder die Inflation aufzuwiegen. Es gab deshalb höchstwahrscheinlich eine stärkere Konkurrenz zwischen den Künstlern als zuvor, ein größeres künstlerisches Proletariat und wahrscheinlich einen größeren Abstand zwischen den sehr erfolgreichen an der Spitze und denen, die am unteren Ende um Anerkennung kämpften. Trotz der wachsenden Beliebtheit der Originaldrucke hing der Wohlstand der meisten besserverdienenden Künstler vom Verkauf ihrer Ölgemälde ab, und die akademische Ausbildung kon-

103 BHSA, München, MK 14 225: Bay. Außenministerium an Präsidium der sächsischen Regierung, 23. Feb. 1900.

104 BHSA, München, MK 14 095: Bericht der Kunstgewerbeschule über Vorschläge von Behrens, 13. Mai 1902.

105 SB/Mon, München: R. Hendschel, »Einige Erlebniße und Erfahrungen im Kunstreferat aus den Jahren 1915-1933«, S. 45-55.

zentrierte sich immer noch hauptsächlich auf die bildende Kunst, während das Design und die angewandten Künste nur allmählich Karrieremöglichkeiten in größerem Umfang eröffneten.

Ein Opfer dieser Situation war das Zusammengehörigkeitsgefühl der Künstlergemeinschaft, das, obzwar in späteren Memoiren nostalgisch überhöht – die Zeiten waren härter geworden –, unter Ludwig II. doch eine von Münchens großen Attraktionen war. Eine der verletzendsten Folgen der Armut war die soziale Isolierung. Sperl war in der Zeit, in der es ihm am schlechstesten ging, nicht nur dem Hungertod nahe, sondern auch zu verwahrlost, um unter Kollegen zu gehen;[106] Wenban war oft zu mittellos, um überhaupt in München leben zu können und bestritt seine buchstäblich marginale Existenz in Schleißheim und anderen entlegenen Dörfern.[107] Ein besonderes Paradox betraf Münchens berühmte Künstlerfeste: diese waren *par excellence* Symbole von Gemeinschaftsgeist und für die Stärkung des kollektiven Status der Künstler vermutlich wichtiger als alles andere, sogar wichtiger als Ausstellungen.[108] Schon zu Zeiten des Dürerfests von 1840, das in Kellers *Grünem Heinrich* beschrieben wird, waren sie gut organisiert, und sie wurden in der Gründerzeit noch spektakulärer. (Zusätzlich zu den großen Festen, die im Abstand von einigen Jahren stattfanden, gab es zahlreiche kleinere, um lokale Jubiläen und die Einweihung von Denkmälern zu feiern oder das Herrscherhaus hochleben zu lassen). Diese wurden über Monate hinweg von Komitees hingebungsvoller Enthusiasten vorbereitet; zu sehen gab es behutsam einstudierte Prozessionen und *tableaux*, Kostüme und Requisiten, die genauestens zum Thema ausgesucht waren: »Der Hof Karls V.« im Jahr 1876, »Märchen und Sage« 1892 und, bei der vielleicht letzten der klassischen Münchner Festivitäten, das griechische Schauspiel »In Arkadien« von 1898, das gemeinsam von den führenden Köpfen Lenbach und Stuck entworfen wurde *(Abb. 13)*;

106 Diem, *Johann Sperl*, S. 17f.

107 Weigmann, *Sion Longley Wenban.*

108 Siehe G.J. Wolf, *Münchener Künstlerfeste, Münchener Künstlerchroniken*, München 1925; *Allotria. Ein halbes Jahrhundert Münchener Kulturgeschichte, erlebt mit der Künstlergesellschaft Allotria*, München [1959].

die Musik kam von Max Schilling; die Beleuchtung besorgte der Direktor der kgl. Hofbühnentechnik, Karl Lautenschläger, die Inszenierung »mit Künstlertum und Feldherrnblick« Hoftheaterintendant Ernst von Possart.[109] Doch zu diesem Zeitpunkt war der Kontrast zwischen Symbol und Realität zu offensichtlich, da Eintrittspreise – bis zu 50 M – und erforderliche Kostüme einfachen Künstlern die Teilnahme unmöglich machten und den Festen zunehmend den Charakter von Unterhaltungsveranstaltungen für reiche Prominente und Touristen verliehen. Dasselbe geschah mit dem Münchner Künstlerhaus, das im März 1900 nach einer Vorbereitungszeit von einem Vierteljahrhundert eröffnete:[110] Gabriel von Seidls elegantes Neorenaissance-Gebäude war nicht nur Gegenstand widriger Eigentumszänkereien zwischen der Künstlergenossenschaft und der Sezession, es war in der Praxis nur den Wohlhabenden zugänglich. Wie ein scharfsinniger Karikaturist sah, war dies der Schwanengesang der alten Elite, der Mandarine der *Allotria* («Im Künstlerhaus guckt Lenbach ... aus jeder Ecke hervor«, kommentierte Klee);[111] es war aber auch ein Denkmal einer in stilistischer, sozialer und ökonomischer Hinsicht homogenen Gemeinschaft, die nicht mehr existierte.

Das Prestige und der Einfluß der Künstler hatten zur Jahrhundertwende ihren Zenit überschritten. Vorkriegsgrößen wie Stuck, Kaulbach, Defregger und Miller (von denen alle bis weit nach 1914 aktiv blieben) waren mit Sicherheit so reich, so prominent und hatten so einflußreiche Bekannte wie all ihre Vorgänger. Doch sie vermochten jene langfristige Tendenz nicht zu stoppen, die in München und anderswo den Einfluß der Künstler auf die Kunstpolitik beschränkte. Dazu gehörte vor allem, wie wir gesehen haben, die Professionalisierung der Museumsleitung und die allmähliche Verdrängung von Künstlern und Künstlerkomitees aus dem Entscheidungsbereich für Akquisitionen und Hängun-

---

109 »Das Münchener Künstlerfest 1898«, *Die Kunst für Alle,* XIII/13 (1. April 1898), S. 193-200.

110 Siehe Stadtarchiv, München, Kulturamt 146-8: Erbauung eines Künstlerhauses usw.

111 Klee, *Briefe,* I, S. 100.

gen. Symptomatisch hierfür war die Zurückweisung der hartnäckigen Forderung der Künstler, in den großen Münchner Galerien sogenannte »Eliteräume« zu schaffen, in denen Meisterwerke außerhalb jedes chronologischen und kunsthistorischen Kontexts versammelt werden sollten. 1881 führte dies zu einer Konfrontation in der Sachverständigen-Kommission der Staatsgalerie zwischen dem »elitären« Lenbach (der 1879 ernannt wurde, da »es unter allen Umständen wünschenswerth erscheine, daß Lenbachs Staffelei in München bleibe«)[112] und Galeriedirektor von Reber und den anderen Mitgliedern. Das Ministerium unterstützte Rebers Verteidigung kunsthistorischer Prinzipien der Hängung und nahm Lenbachs Rücktritt an, hierzu ermutigt durch Rebers Klagen, letzterer habe sich »nie *anders* als unangenehm, beleidigend und absichtlich geringschätzig« verhalten.[113] Interessanterweise stritt sich Reber 1905 mit dem ebenso eigensinnigen und schwierigen F. A. von Kaulbach über dieselbe Frage – auch in diesem Fall war das Resultat dasselbe, trotz Kaulbachs Status in der Künstlergemeinde und seiner Freundschaft zum Regenten.[114] Solche Episoden zeigen die Grenzen des Einflusses führender Künstler, sie zeigen auch die staatliche Akzeptanz moderner organisatorischer Prinzipien, auch in der Ära vor Tschudi, sie zeigen aber vor allem die Verärgerung offizieller Stellen über das störrische Verhalten von Künstlern in öffentlichen Positionen. (1887 erstickte Premierminister Lutz Unruhen in der Akademiefakultät auf energische Weise, wobei er sich auf königliche Anweisungen berufen konnte, jeden »Frondirungs-Versuch« gegen den Direktor zu unterdrücken.[115]) Noch bedeutender war die Tatsache, daß Künstler den Einfluß über staatliche Akquisitionsfonds verloren; diese Entwicklung begann bereits unter Rebers Regime und setzte sich bis nach Tschudis Tod 1911 fort. Ein Wortwechsel zwischen dem Sezessionisten Leo Samberger und Ministerialreferent von Winterstein im Juli 1912 – erzählt

112 BHSA, München, MK 14 250: Kultusmin. v. Lutz an Ludwig II, 2. Juli 1877.
113 BHSA, München, MK 14 250: v. Lutz an Ludwig II, 26. April 1881.
114 BHSA, München, MK 14 250: Kultusmin. v. Wehner an Pr.-Regent Luitpold, 14. April 1905.
115 BHSA, München, MK 14 113: v. Lutz an Luitpold, 17. April 1887.

vom ersteren – deutet die Heftigkeit der künstlerischen Gefühle an: »*In Erregung* brachte ich ihm meine vielleicht unvorsichtige u. unkluge, aber aus rechter *Überzeugung* kommende Kritik des *ganzen Kurses* der Tendenz der Leitenden Kreise. Soll denn nicht einer einmal sagen an der Stelle, wo es gesagt gehört, was *Tausende von Künstlern* denken und empfinden [?] ... *Unsere Pflicht* ist aber zu warnen, aufzuklären u. an maßgebender Stelle gewissen Einflüßen *entschieden* entgegenzutreten.«[116] Doch solche Bemühungen waren nur von beschränktem Erfolg, und in den zwanziger Jahren des 20. Jahrhunderts war die Frustration und das Gefühl der Machtlosigkeit auf Seiten der Künstler noch prononcierter geworden; auch wenn die Konservativen, besonders auf dem Gebiet der Ausbildung, immer noch über die negative Fähigkeit verfügten, Veränderungen zu verhindern.

Um 1907 waren 13% aller hauptberuflichen Künstler Frauen,[117] und sie zählten wahrscheinlich zu den Hauptopfern von Münchens Vorkriegsmalaise. Als gebührenzahlende Privatschüler stellten sie zwar eine wertvolle Einkommensquelle dar, waren aber als Konkurrenten unerwünscht und mußten mit ständiger Diskriminierung und Belästigung rechnen. Die abfällige Bezeichnung »Malweib« wurde nicht nur von Satirikern gebraucht, sondern auch von Männern wie dem sonst so aufgeklärten Georg Kerschensteiner.[118] Die Rolle, die Frauen im sozialen Leben der Künstler und in Organisationen (mit Ausnahme des Künstlerinnenvereins) spielten, war marginal, und Elitegruppen wie die Sezession besaßen nur wenige weibliche Mitglieder oder Aussteller. (Nur einer von hundert Künstlern auf der Hauptausstellung von 1910 war weiblich; 1912 betrug die Relation 5 zu 126).[119] Tini Rupprecht spielte praktisch keine Rolle im öffentlichen Leben der Gemeinschaft und mußte beleidigende Andeutungen über sich er-

116 Stadtgal. Würzburg, Nachl. Habermann: Samberger an Habermann, 9. Juli 1912.

117 *Statistik des Deutschen Reichs*, ccxi, Anhang, S. 59; u. s. auch R. Berger, *Malerinnen auf dem Weg ins 20. Jahrhundert: Kunstgeschichte als Sozialgeschichte,* Köln 1982.

118 Stadtarchiv, München, Kulturamt 189: Gutachten Kerschensteiners vom 8. Okt. 1909.

119 Zentralinstitut für Kunstgeschichte, München: Sezession, *Ausstellungs-Kataloge.*

gehen lassen, wonach ihre Leistungen »in Wirklichkeit« ihrem Mentor Lenbach zuzuschreiben seien.[120] Mit wenigen Ausnahmen (Gabriele Münter beispielsweise), verhieß eine Heirat oder ernsthafte Bindung das Ende der künstlerischen Entwicklung der Frau; so mußten sich die talentierten Ehefrauen von Putz, Feldbauer, Püttner und anderen um die Karriere ihrer Ehemänner kümmern. Es war kein Zufall, daß erfolgreiche Frauen entweder ledig blieben (wie Rupprecht) oder Witwen waren (Tina Blau-Lang). Vermutlich ging es Künstlerinnen während der Regentenzeit schlechter als in der Romantik oder im Biedermeier: offenbar wegen des Überflusses an Künstlern; aber auch wegen des Geniekults des späten 19. Jahrhunderts, der sich zuungunsten der Gleichheit auswirkte. (Die Verunglimpfung von Agnes Dürer während der Gründerzeit war ein interessanter Bestandteil des Vorurteils gegen Frauen im Umfeld der Kunst.) Dabei dachten Theoretiker den Frauen durchaus eine ästhetische Rolle in der modernen Gesellschaft zu, doch war diese auf dem Gebiet der Kinderaufzucht und der häuslichen Verschönerung angesiedelt, nicht auf dem des künstlerischen Schaffens. »Alles wahrhaft Große und Schöne, was [die Kunst] kennt«, schrieb der Verfasser von *Die Kunst im Hause*, Jakob von Falke, »ist von dem starken Geschlechte geschaffen worden, nicht von dem schönen«, und: »Die Frau, indem sie das Schöne im Hause fördert und ihren eigenen Geschmack und den ihrer Familie und ihrer Umgebung bildet, arbeitet mit an der Bildung der Nation, an der Cultur der Menschheit.«[121] Doch zur Jahrhundertwende verbesserten sich die Möglichkeiten für Frauen. An der Damenakademie wurde guter Unterricht geboten, und die Aussichten auf Ausbildung und Beschäftigung in den angewandten Künsten wurden positiver: Frauen waren seit 1872 zur staatlichen Kunstgewerbeschule zugelassen worden (in getrennten Klassen), und progressive Privateinrichtungen wie die Obrist-Debschitz-Schule engagierten sich in Sachen Gleichheit. Andere Entwicklungen in Deutschland, besonders die Einführung von kom-

120 Taylor, *Tini Rupprecht*, S. 39ff.
121 Falke, *Die Kunst im Hause*, S. 447, 455.

binierten bildend-angewandten Kunstcurricula an verschiedenen Akademien sowie die wachsende Zahl der Universitätsstudentinnen legen die Vermutung nahe, daß es nicht einmal im konservativen München gelungen wäre, Frauen auf immer und ewig von der üblichen künstlerischen Ausbildung fernzuhalten.[122]

Um 1900 hatte sich im Vergleich zur Situation der fünfziger und sechziger Jahre Münchens Position gegenüber anderen künstlerischen Zentren verändert. Entscheidend für die Künstler und ihre Freunde war seit der Ausstellung von 1886 die zunehmende Wichtigkeit Berlins. Die Anziehungskraft der Reichshauptstadt wurde noch verstärkt durch das Aufkommen einer kraftvollen Avantgarde in den neunziger Jahren und die Gründung der Sezession im Jahr 1898, die unermüdlich versuchte, neue Leute von außerhalb zu rekrutieren, um ihre Position gegenüber den Konservativen zu stärken. Einer von diesen war Lovis Corinth *(Abb. 14)*, der, mit der Sezession in München zerstritten, von Walter Leistikow umworben wurde und bald von seinem eigenen Erfolg beeindruckt war, der sich einstellte, als er reiche Berliner »unter Öl« brachte[123] und deren Töchter zu seiner Schule drängten. Er verließ Bayern kurz nach der Jahrhundertwende und blieb im Norden, bis er Präsident der Berliner Sezession wurde. Berlins riesiger Reichtum und überschäumende Lebensfreude spotteten jedes Vergleichs mit dem bedächtigen Tempo und dem bescheidenen Wohlstand des Münchner Lebens. Am Vorabend des Kriegs sah die bayerische Kapitale noch immer nicht aus wie eine Großstadt, bemerkte ihr Polizeipräsident;[124] dagegen war Berlin zu dieser Zeit bereits eine Weltstadt, eine »Stadt der unbegrenzten Möglichkeiten«, die schon durch ihre bloße Häßlichkeit, ihren Streß und ihre Anonymität attraktiv war. Selbst in politischer Hinsicht schlug das Pendel nicht mehr eindeutig zugunsten Münchens aus. Während Berlins autoritäre Reputation wahrscheinlich übertrieben

122 Siehe Wingler, *Kunstschulreform.*

123 *Lovis Corinth – Eine Dokumentation,* S. 58.

124 Staatsarchiv für München, München, Regierungsakten 3830/58113: Polizei-President v. Grundherr an Regierung von Oberbayern, Tätigkeitsbericht 1914, 1. Juli 1915.

war, ließ das Erstarken des bayerischen Klerikalismus, symbolisiert durch die Bildung der Regierung Hertling im Jahr 1912, für die kulturelle Freiheit Schlimmes befürchten.

Es versteht sich von selbst, daß man die zeitgenössischen Alarmrufe nicht für bare Münze nehmen und nicht etwa annehmen darf, die Münchner Künstlergemeinde habe sich in einem unaufhaltsamen Abstieg befunden. Das Erstarken anderer Zentren bedeutete nicht automatisch den Untergang Münchens, sondern eher das Entstehen eines größeren, besser integrierten Kunstmarkts; und vor allem bayerische Künstler profitierten von einem zunehmend wohlhabenden, reisenden und Kunst kaufenden Publikum, wo auch immer es zu Hause war. Zur Jahrhundertwende war München trotzdem feindlicher Kritik ausgesetzt. Sehr umstritten war eine Artikelserie des Berliner Schriftstellers und engen Verbündeten der Sezession, Hans Rosenhagen, die 1901 erschien und den Konservatismus des Münchner Kunstestablishments und die angeblichen Mängel der Regierungspolitik angriff.[125] Noch schlagender waren die Kommentare von Münchner *emigrés*: Wilhelm Trübner, der 1896 wegging, warnte später seinen Kollegen Robert Breyer: »Eine Stadt wie München, wo nur die Kitschmalerei Anerkennung findet, muß man mit aller Energie meiden, wenn man sich nicht ernstlich schädigen will«;[126] und ähnliche Äußerungen liegen von Slevogt und Corinth vor.[127] Bezeichnend war auch, daß Reaktionäre wie Karl Vinnen und Paul Schultz-Naumburg (beide, nebenbei bemerkt, externe Mitglieder der Münchner Sezession) München mit der »gesunden« und »verwurzelten« deutschen Kunst gleichsetzten, die sie bewunderten,[128] sowie der Umstand, daß von den 118 Künstlern, die Vinnens Protest von 1911 unterstützten, nicht weniger als 57 in München oder Südbayern lebten,

125 *Der Tag,* 13, 14. April 1901, Nr. 143, 145; u. s. auch E. Engels, *Münchens Niedergang als Kunststadt: Eine Rundfrage,* München 1902.

126 Stadtgal., Würzburg, Nachl. Breyer: Trübner an Breyer, ca. 1901.

127 Stadtgal., Würzburg, Nachl. Breyer: Briefe Slevogts an Breyer; SB/Mon, München, Nachl. Josef Ruederer, Br.e.74: Corinth an Ruederer, 27. Jan. 1901; u. Briefe dieser Jahre in *Lovis Corinth – Eine Dokumentation.*

128 Stadtgal., Würzburg, Nachl. Habermann: Briefe Vinnens und Schultze-Naumburgs an Habermann.

verglichen mit nur 11 in Berlin.[129] In gewisser Weise hatten die Zweifel und Sorgen über die Zukunft der bayerischen Kapitale positive Auswirkungen, indem sie solch wichtige Gegenaktivitäten hervorriefen wie Georg Fuchs' Künstlertheater von 1908 sowie ehrgeizige Pläne zur Modernisierung der Ausstellungsorte[130] in der Stadt. Doch waren sie auch schädlich, trugen sie doch zur ständigen Reibung zwischen der Berliner und Münchner Sezession bei, verlangsamten die Tendenz zur Gleichstellung der Frau und bliesen einen schrillen Mißton in jede kulturelle Debatte seit den neunziger Jahren. Es sollte jedoch bis zum Ersten Weltkrieg und länger dauern, bis sich das ganze Ausmaß von Münchens Verwundbarkeit offenbarte.

---

129 Vinnen, *Ein Protest deutscher Künstler;* Paret, *Die Berliner Sezession.*

130 P. Weiss, *Kandinsky in Munich: The Formative Jugendstil Years,* Princeton, N.J. 1979, Kap. 9; BHSA, München, MK 14 359: Ausstellungsgebäude f. Kunst und Kunstgewerbe auf dem Gelände des alten botanischen Gartens.

IV

Epilog: Der Weltkrieg und seine Auswirkungen

»... da haben wir es! Ist es nicht entsetzlich? Ich bin wie aus dem Traum gerissen. Ich habe innerlich in der Zeit der vollkommenen Unmöglichkeit solcher Sachen gelebt. Mein Wahn wurde mir genommen. Berge von Leichen, schreckliche Qualen verschiedenster Sorten, Zurückschrauben der inneren Kultur auf unbestimmte Zeit.«
(Wassily Kandinsky, 2. August 1914).[1]

Zumindest in materieller Hinsicht waren die Auswirkungen des Kriegs ungleichmäßig. Nach einer anfänglichen Paralyse allerorten setzte die Vorkriegstendenz zur ökonomischen Integration, Diversifizierung und Preissteigerung wieder ein, wenn auch in beschleunigtem Tempo und in verzerrter, hypertrophischer Weise. Riesige, kaum besteuerte Kriegsprofite, der sinkende Wert der Mark (schon 1914 notierte Heinemann seine Einnahmen in Gold- und Papiergeldbeträgen) sowie mangelnde Angebote an anderen Luxusgegenständen schufen die Voraussetzungen für einen Boom auf dem gesamten Kunstmarkt. Im Oktober 1916 schrieb *Der Kunstmarkt* anläßlich des Verkaufs der Schmeil-Sammlung, bei dem 150 gute Salonbilder fast 1 200 000 M einbrachten, daß Kunstwerke wie Kurszettel und Aktien gehandelt würden.[2] Auch zeugten die fünfstelligen Summen, die die impressionistischen und

1 Preuß. Staatsbibl., Berlin, Handschriftenabt., StAHW: Kandinsky an Walden.

2 *Der Kunstmarkt*, XIV/5 (27 Okt. 1916), S. 21. Zu Krieg und Kunstmarkt im Allgemeinen, s. O. K. Werckmeister, *The Making of Paul Klee's Career 1914-20*, Chicago & London 1989; A. Donath, *Der Kunstsammler. Psychologie des Kunstsammelns*, Berlin [4]1923.

nachimpressionistischen Bilder des Berliner Sammlers Julius Stern erzielten, von der lebhaften Nachfrage nach moderner französischer Kunst, des Umstands ungeachtet, daß man sich im Krieg befand;[3] und 1917 erreichten alte Meisterwerke phantastische Summen. Nach wie vor spielten Ausländer eine Schlüsselrolle auf dem Markt. Der Dollar floß einstweilen zwar noch nach Paris und London, doch wurde die Lücke teilweise von Käufern aus den neutralen Ländern Holland, Schweiz und Skandinaviens geschlossen, die ihren Vorteil aus dem sinkenden Wechselkurs der Mark zogen und sich gleichzeitig gegen die Inflation zu Hause absicherten. Außerdem fand in den *Kunstvereinen* und den großen Salons zu Kriegszeiten lebhafter Handel statt.[4] Die Künstler profitierten in sehr unterschiedlicher Weise von den Gewinnen. Während die jungen, unbekannten eine schlechte Position in diesem Investitionsmarkt hatten, ging es denjenigen mit erfolgversprechender Reputation besser als zuvor, so zum Beispiel den Führern der Berliner Sezession; Corinths Porträts von nationalen Galionsfiguren wie Tirpitz ermöglichten es ihm gar, Luxusartikel auf dem Schwarzmarkt zu erstehen.[5] Die Avantgarde war von dieser Wirtschaftsblüte nicht ausgeschlossen, und in den Hauptzentren entstanden allenthalben neue Gruppen. Doch für die Künstler und ihre Partner spielten Alter, Gesundheit und andere zufällige Umstände eine entscheidende Rolle. Der Händler Alfred Flechtheim, der von Paris abgeschnitten war und schließlich eingezogen wurde, mußte seine künstlerischen Aktivitäten aufgeben,[6] während Walden und Goltz trotz der Kriegswirren erfolgreich weiterarbeiteten. Maler wie Macke, Marc und Weisgerber fielen und andere kamen physisch und psychisch verstümmelt zurück. Klee konnte sich aus dem Krieg heraushalten und war durch seine Händler gut vertreten, was seine Reputation erhöhte, und so wurde er, ähnlich wie

3 *Der Kunstmarkt,* XIII/36 (2. Juni 1916), S. 167ff.

4 *Der Kunstmarkt,* XIV/5 (27. Okt. 1916), S. 21ff.; XV/1 (5. Okt. 1917), S. 5f.

5 *Lovis Corinth: Eine Dokumentation*, S. 223.

6 H.P. Thurn, »Im Kampf für das Neue. Zur sozialpolitischen Situation des modernen Kunsthandels zwischen Kaiserreich und Diktatur. Von Bismarck bis Picasso«, in *Alfred Flechtheim: Sammler, Kunsthändler, Verleger,* Düsseldorf 1987, S. 93-100.

Schiele in Wien, zu einer der künstlerischen Erfolgsfiguren des Krieges.[7]

Die Auswirkungen der deutschen Niederlage waren in mancher Hinsicht traumatischer als der Kriegskonflikt selbst. Trotz in die Höhe schießender Preise für alles, von alten Meistern bis zum Expressionismus (Ende 1921 wurden für Gemälde von Ernst Ludwig Kirchner bis zu 120000 M verlangt),[8] versetzten der allgemeine Mangel, Notsteuern und das zunehmende Chaos auf dem Markt die meisten Künstler in verzweifelte Zwangslagen. »Ein gewaltiges Heer von sterbenden Künstlern liegt auf der Straße«, erklärte ein Parlamentarier im Frühjahr 1920, »und weiß nicht, wie es morgen leben soll.«[9] Die Stabilisierung der Währung brachte statt grundlegender Erholung nur oberflächliche Besserung. Zwar ging es etablierten Meistern wie Liebermann und Slevogt und modischen *enfant terribles* wie Dix und Grosz offenbar ganz gut; doch für die breite Masse der ca. 15 000 professionellen Künstler bedeutete die Unterbrechung der internationalen Handelsbeziehungen und ein weltweiter Fall in den Preisen für konventionelle Salonbilder[10] eine chronische Malaise und sorgte für ständigen Pessimismus. Der Bericht des Kunstvereins Sachsen kommentierte die Situation 1926 auf folgende Weise: »Der aufmerksame Beobachter wird sich der tiefbedauerlichen Tatsache nicht verschließen können, daß die von Jahr zu Jahr schlimmer gewordene Lage des deutschen Kunstmarktes keine rasche vorübergehende Krisis, sondern eine schwere Erkrankung ist, die mit dem Geschick der deutschen Wirtschaft im engsten Zusammenhang steht. Übersättigung mit Kunstwerken während der Inflationszeit, Auktionsverschleuderung von Kunstbesitz aus verarmten Kreisen, Mangel an Bedarf von Kunstwerken infolge der

7 Werckmeister, *The Making of Paul Klee's Career 1914-20*; *Egon Schiele 1890-1918. Leben, Briefe, Gedichte*, hrsg. v. C. M. Nebehay, Salzburg & Wien 1979.

8 Donath, *Der Kunstsammler*, S. 138.

9 Zit. bei A. Donath, »Die Not der deutschen Künstlerschaft«, *Der Kunstwanderer*, I (April 1920/2), S. 309.

10 Siehe A. Reverdy, *L'école de Barbizon: l'évolution du prix des tableaux de 1850 à 1960*, Paris & Den Haag 1973; M. H. Hurdalek, *The Hague School: Collecting in Canada at the Turn of the Century*, Ontario 1983, S. 24.

Wohnungszwangswirtschaft sind die Hauptursachen der Verelendung des Kunstmarktes ... Eine langsame Gesundung wird nicht früher zu erwarten sein, als bis die Lasten des verlorenen Krieges gemildert werden können. Der weitaus größte Teil der deutschen Künstlerschaft wird also noch lange einen harten Existenzkampf führen müssen.«[11]

Vor diesem Hintergrund der Unsicherheit und Depression verschärften sich die Münchner Probleme. Inmitten einer Welle von Chauvinismus war das erste Opfer die kosmopolitische Orientierung, die zuvor fast jede Seite des kulturellen Lebens in der Stadt belebt hatte. Alexej von Jawlensky und seine Gruppe wurden angespuckt, als sie in die Schweiz aufbrachen;[12] Kandinsky schrieb vor seiner Abreise verzweifelt in einem Brief an Walden: »Von den 16 Jahren, die ich in Deutschland lebe, habe ich nicht wenige vollkommen dem deutschen Kunstleben abgegeben. Wie soll ich mich jetzt plötzlich hier fremd fühlen?«[13] Doch die *Allgemeine Rundschau* begrüßte die Gelegenheit, die deutsche Kultur von fremden Einflüssen zu reinigen und freute sich hämisch über die Auflösung der Schwabinger Meute unverschämter »Schlawiner«:[14] ein Vorgeschmack auf die noch gewaltigere Intoleranz und Fremdenfeindlichkeit der zwanziger Jahre. In ökonomischer Hinsicht machte sich nun die problematische Abhängigkeit der Münchner Künstler – und anderer Hersteller von Luxusgütern – von auswärtigen und ausländischen Käufern auf schmerzhafte Weise bemerkbar. Stuck, Zügel und andere gewannen zwar 1915 Medaillen auf der Weltausstellung von San Francisco (diese trafen erst 1929 in Deutschland ein: unheimliche Andenken an glücklichere Zeiten),[15] doch war dies Münchens letztes bedeutendes Auftreten auf der amerikanischen Kunstszene der Vorkriegszeit; der transatlantische Markt brach

11 Zentralinstitut für Kunstgeschichte, München: Sächsischer Kunstverein zu Dresden, *Jahresbericht* 1926.

12 Weiler, *Alexej von Jawlensky,* S. 89.

13 S. oben, Anm. 1.

14 F. Abel, »Mars regiert die Stunde«, *Allg. Rundschau,* 8. Aug. 1914, S. 32.

15 BHSA, München, MK 18 160: Ministerialschreiben vom 3. Juni 1929.

kurz darauf völlig zusammen. Im letzten Teil des Kriegs wurde sogar der Handel mit Österreich durch offizielle Kontrollen ernsthaft behindert.[16] Trotz vermehrter industrieller Aktivität in der Region, eindrucksvollen Empfängen in den Salons und Versuchen der Stadtverwaltung und des Königs, die Not zu lindern, scheint die wirtschaftliche Lage der meisten Künstler extrem düster gewesen zu sein.

Aber auch in München waren die Ereignisse, die dem Krieg folgten, noch traumatischer als der Konflikt selbst. Ein 45köpfiger Künstlerrat, angeführt von den Etablierten, verlangte eine Akademiereform und die Reorganisation des staatlichen Ankaufsystems, verlor jedoch bald die Orientierung und wurde von den Ereignissen überrollt.[17] Während der kurzlebigen Räteregierung wurde die Fakultät der Akademie ihres Amtes enthoben und der altgediente Maler Ernst Berger als Geisel im Luitpoldgymnasium erschossen.[18] Die Rückeroberung der Stadt durch Regierungstruppen machte den Künstlersorgen kein Ende. Hohe Fracht- und Versicherungsgebühren, akute Wohnungsknappheit und Durcheinander auf den Börsen führte zu empfindlichen Störungen, von denen nicht einmal die Elite verschont wurde: Tini Rupprecht verlor ihre gesamten Ersparnisse,[19] und Stuck fand es sinnlos, neue Arbeiten auf dem Markt anzubieten.[20] Die Mehrzahl der Münchner Künstler, ihrer ausländischen Kontakte beraubt und ohne finanzielle Rücklagen, erlitt ebenso Schiffbruch wie die Mittelklasse im allgemeinen.

Auch die sogenannten »Goldenen Zwanziger« waren alles andere als eine florierende Zeit.[21] Die Preise waren höher als in

16 *Egon Schiele 1890-1918,* S. 387, 420, 425.

17 A.L. Mayer, »Vor Kunstreformen im Volksstaat Bayern«, *Kunstchronik und Kunstmarkt,* N.F. XXX/7 (29. Nov. 1918), S. 136ff.; Hendschel, »Einige Erlebnisse«, S. 40-44.

18 SB/Mon, München: Kunstverein, *Jahresberichte* 1922/23 (Nachrufe 1914-23), S. 16.

19 Taylor, *Tini Rupprecht,* S. 22.

20 K. Marilaun, »Bei Franz v. Stuck«, *Neues Wiener Journal,* 10. Aug. 1923, S. 678.

21 Siehe Hendschel, »Einige Erlebnisse«; W. Nerdinger, »Die ›Kunststadt‹ München«, in C. Stölzl (Hg.), *Die Zwanziger Jahre in München. Schriften des Münchner Stadtmuseums,* VIII, München 1979, S. 93-119.

Nord- und Mitteldeutschland und München war, gemessen an seiner Größe, immer noch eine der am wenigsten industrialisierten Städte im Reich.[22] Der Tourismus, der über Jahrzehnte die unersetzliche Ergänzung zur lokalen Kaufkraft gewesen war, ging in dieser Periode stark zurück (in der Schweiz wurden überzählige Hotels sogar abgerissen), und politische Faktoren sorgten u.a. dafür, daß keine großen internationalen Ausstellungen wie in der Vorkriegszeit stattfanden. Der wohlgesonnene und gut informierte Kunstreferent im Kulturministerium, Richard Hendschel, faßte die Situation der Künstler später folgendermaßen zusammen: »Die Zeiten des Krieges und der Inflation hatten die Sparpfennige der meisten Künstler aufgezehrt, das Mäzenatentum der Wittelsbacher war zu Ende gegangen, der Staat hatte nach der Inflation und in der Deflation kein Geld mehr, ... die Neureichen hatten keinen Sinn für Kunst und gaben ihr Geld lieber für Autos, Radios und Vergnügungen aus, unter den Künstlern Münchens war auch keine ganz überragende und führende Persönlichkeit mehr ...«[23]

Berlin war nun Deutschlands wohlhabendstes und dynamischstes kulturelles Zentrum, und es war schwer, Münchens Stagnation und Abrutschen in den Provinzialismus zu verbergen. Tatsächlich schufen der Sieg der Konterrevolution 1919 und danach die vereinte Nazi- und Klerikalrepression eine Atmosphäre, in der keine kulturellen Experimente gedeihen konnten; das künstlerische Leben der Stadt wurde von rückblickender Selbstzufriedenheit und Konservatismus beherrscht. Trotz zäher Bemühungen gelang es, weder Max Slevogt noch Bruno Paul zurück nach Bayern zu holen, auch Kandinsky und Klee kamen nicht zurück; und Riemerschmid, der die Direktion der Kunstgewerbeschule 1924 aufgeben mußte,[24] ging schließlich nach Köln. Auch auf anderen Gebie-

22 L. Achner, »Die Teuerungsverhältnisse in Bayern und im übrigen Reich in den Jahren 1913/14 und 1924«, *Zs. des bay. Stat. Landesamtes,* LVII (1925), S. 40ff.; *Die Quellen des Münchener Wirtschaftslebens. Schriften des Stat. Amtes der Stadt München,* XIV, München 1930, S. 75, 80-86.

23 Hendschel, »Einige Erlebnisse«, S. 5f.

24 Ibid., S. 52.

ten hinkte München hinterher. Frauen waren im Herbst 1920 schließlich doch zur Akademie zugelassen worden (trotz der Proteste männlicher Studenten, die die Konkurrenz fürchteten),[25] doch konnten in jahrelangen Debatten keine grundlegenden Ausbildungsreformen durchgesetzt werden. Insbesondere gelang es, im Gegensatz zu Berlin, Weimar und sogar Karlsruhe, nicht, eine Schule zu gründen, die bildende und angewandte Künste vereint hätte.[26] Wirtschaftliche Not führte zur weiteren Fragmentierung der Künstlergemeinde und verstärkte ihre endemische Streitsucht und ihre Besessenheit, Sündenböcke zu finden; ein Verhalten, das im April 1927 einen Ausbruch von Hendschel provozierte, der eine der Hauptzielscheiben der Kritik gewesen war; er stellte ihre Blauäugigkeit, Launigkeit, Unlogik und generell ihr ärgerliches Verhalten bloß.[27] (Die zunehmende Politisierung der breiten Masse der Künstler während der Depression führte zur Stärkung der Nazis und schließlich zur Absetzung Hendschels im Mai 1933 unter dem Vorwurf des »Kulturbolschewismus«.[28]) Der Glaspalast wurde am 6. Juni 1931 durch ein Feuer völlig zerstört; den Flammen fielen auch viele Gemmen deutscher romantischer Kunst in einer Sonderausstellung zum Opfer: dies war das symbolische Ende einer ganzen Epoche Münchner Kunstgeschichte. Unter Hitler sollte der Sonderstatus Münchens als »Kunststadt des deutschen Reichs« zu einer klaren, wenn auch einseitigen und in vieler Hinsicht künstlichen Wiederbelebung führen. Doch die kreative Freiheit der Künstler und ihre lebenswichtigen Verbindungen mit der internationalen Kunstwelt wurden erst nach 1945 wiederhergestellt.

---

25 BHSA, München, MK 14 102: Protest-Erklärung vom 13. Feb. 1919.
26 Hendschel, »Einige Erlebnisse«, S. 45-55.
27 Ibid., S. 11.
28 Ibid., S. 91-99.

Danksagung

Ein großer Teil des hier präsentierten Textes ist bereits zu einem früheren Zeitpunkt in englischen und amerikanischen Zeitschriften publiziert worden. Kapitel 2 entspricht der überarbeiteten Version meines Aufsatzes »Painters, Patronage and the Art Market«, der zuerst in *Past and Present: A Journal of Historical Studies* (Nr. 123, Mai 1989, S. 109-140) erschien (Copyright: The Past and Present Society, 175 Banbury Road, Oxford, England). Mein Dank gilt den Herausgebern der Zeitschrift *Oxford German Studies* und *Central European History* für die Erlaubnis, Texte, die zuerst in ihren Blättern erschienen sind, nachzudrucken.

Beim Schreiben dieses Buches haben mir viele Menschen unentbehrliche Hilfe geleistet. An erster Stelle gebührt mein Dank Ulrich Raulff, der mich zu der Idee, dieses Buch zu schreiben, inspirierte. Für ihre wertvolle Hilfe und Unterstützung möchte ich mich bei den Archivaren, Bibliothekaren und Mitarbeitern folgender Institute und Museen bedanken: Warburg Institute, London; Ashmolean Museum, Oxford; Zentralinstitut für Kunstgeschichte, München; Stadtgalerie, Würzburg; Mainfränkisches Museum, Würzburg; Archiv für bildende Kunst des Germanischen Nationalmuseums, Nürnberg; Stadtarchiv, München; staatliche Archive Bayerns, München. Mein Dank geht ferner an Richard Lemp und seine Assistenten der Monacensia-Abteilung der Münchener Stadtbibliothek. Richard Parker, Sue Wallington und ihre Mitarbeiter an der Universitätsbibliothek in Warwick haben mir während der gesamten Zeit treu zur Seite gestanden.

Besonderen Dank schulde ich Eva Heilmann für ihre Freundschaft, ihren Beistand und ihre Gastlichkeit. Ohne sie hätte dieses Buch niemals geschrieben werden können. James Joll, Marion Deshmukh und Maria Makela haben mich stets ermutigt und waren immer zu einer Diskussion bereit, ebenso wie zu Beginn meiner Arbeit der kürzlich verstorbene Glee Unfug. Meine Mutter Eileen Lenman, meine Tochter Sophie sowie meine Frau Anita Ballin haben auf verschiedene Art und Weise die Qualen, die mit geistigem Arbeiten untrennbar verbunden sind, mit mir geteilt. Ihnen gilt meine innigste Dankbarkeit.

Hampstead, im Februar 1994 R. L.

Abbildungsverzeichnis

Abb. 1 (zu S. 25)

Abb. 2 (zu S. 30)

Abb. 3 (zu S. 31)

Abb. 4 (zu S. 32)

Abb. 5 (zu S. 54)

Abb. 6 (zu S. 73)

Abb. 7 (zu S. 80)

Abb. 8 (zu S. 91)

Abb. 9 (zu S. 117)

Abb. 10 (zu S. 122)

Abb. 11 (zu S. 127)

Abb. 12 (zu S. 127)

Abb. 13 (zu S. 138)

Abb. 14 (zu S. 143)

Personenregister